मेरी प्रिय कहानियाँ

मेरी प्रिय कहानियाँ

अखिलेश

राजपाल

₹ 295

ISBN : 9789350643365

MERI PRIYA KAHANIYAN by Akhilesh

मुद्रक : रेकमो प्रेस लिमिटेड, नयी दिल्ली

राजपाल एण्ड सन्ज़

1590, मदरसा रोड, कश्मीरी गेट-दिल्ली-110006

फोन: 011-23869812, 23865483, फैक्स: 011-23867791

e-mail : sales@rajpalpublishing.com

www.rajpalpublishing.com

www.facebook.com/rajpalandsons

भूमिका

किसी कथाकार के लिए उसकी कौन-सी कहानियाँ प्रिय कहानियाँ हैं, इसकी शिनाख़्त आसान है क्या? अब आप जीवन में ही लें—एक इन्सान से उसके सारे दोस्त मिलकर सवाल करें कि वह चुनकर बताये कि वह उनमें से किसे या किन्हें प्रिय मानता है? तो वह भला क्या जवाब दे सकता है। ऐसी ही कठिनाई माता-पिता के सम्मुख भी आ जाती है जब अपने बच्चों में चुनना हो कि कौन ज़्यादा प्रिय है? बेचारे बच्चे भी उक्त यक्षप्रश्न से बच नहीं पाते, कभी-न-कभी मम्मी-पापा पूछते ही हैं कि बताओ तुम मम्मी को अधिक चाहते हो कि पापा को? बच्चा प्रायः रणनीतिक उत्तर देता है—दोनों को। पर कहानीकार कैसे कहे कि उसे अपनी सारी कहानियाँ प्रिय हैं। बेशक यह उसकी आत्ममुग्धता में शुमार किया जायेगा और असत्यवाचन भी होगा। निश्चय ही एक क़िस्सागो अपने हर अफ़साने को रचने की प्रक्रिया में सृजन की पीड़ा और आनन्द को हासिल करता है, लेकिन ये भाव हमेशा समान स्तर तथा एक-सी गुणवत्ता के नहीं रहते। कभी उम्मीद से ज़्यादा और कभी उम्मीद से कम नतीजे सामने आते हैं और कभी तो ऐसी बकवास कहानी लिखी जाती है कि उसे बर्बाद कर देने का जी चाहे। अगर रचनाकारों के निजी सत्य को जानने का कोई ज़रिया हो तो मालूम हो जायेगा कि धरती पर असंख्य ऐसे किस्से, काव्य हुए थे जो जन्म के बाद अपने रचयिताओं द्वारा ही धकेल दिये गये। मगर किसी लेखक को अपनी उस बहिष्कृत रचना से भी प्यार हो सकता है, ठीक उसी तरह जैसे सम्भव है कि कोई अपनी बहुप्रसिद्ध कहानी, कविता या उपन्यास से अपेक्षित प्रेम न करता हो। देखने में यह भी आया है कि कभी-कभी सर्जक अपनी ही कालजयी कृति से बाद में चिढ़ने लगता है, क्योंकि उस चर्चित कृति की प्रसिद्धि के आगे उस सर्जक की अन्य रचनाओं की तरफ़ लोगों का ध्यान कम जाता है। यह वैसे ही है जैसे माता-पिता अपनी किसी विफल सन्तान को सफल सन्तान से ज़्यादा

प्यार करने लगते हैं। एक स्थिति यह भी है कि कई बार अपनी मशहूर कृति को लेकर लेखक के मन में आश्वस्ति का भाव आ जाता है, वह उसको लेकर बेफिक्र हो जाता है, यह बेफिक्र होना कई बार इस तरह का एहसास रचता है जैसे वह उसे विशेष प्यार नहीं करता। परन्तु यह पूरा सच नहीं है, मौका आने पर प्रेम प्रकट हो उठता है, खास तौर पर तब जब उस कृति पर अनावश्यक प्रहार होने लगते हैं या अनर्गल व्याख्याएँ सामने आती हैं। कहने का आशय यह है कि अपनी कौन-कौन-सी कहानियाँ बतौर कथाकार मुझे प्रिय हैं, उन्हें चुनना पहले बेहद सरल और चुटकी बजाते सम्पन्न कर लेने वाला काम लगा था किन्तु अब महसूस कर रहा हूँ कि यह काफ़ी जटिल तथा मशक्कत वाला काम है।

जब मैंने सोचना शुरू किया कि मेरी प्रिय कहानियाँ कौन-सी हैं तो कहानियाँ नहीं अपने कुछ लेखकीय गुण-दोष मेरे सामने उजागर होने लगे जिनके बारे में आपको बताना चाहता हूँ।

अच्छी बुरी जो भी हो, मेरी मूल प्रवृत्ति है कि मुझमें कोई भाव अन्तिम छोर तक नहीं जाता है। किसी चीज़ के प्रति न बहुत ज़्यादा आसक्ति होती है न विरक्ति। न बहुत ज़्यादा उत्साहित होता हूँ, न हताश। न अन्तर्मुखी हूँ न बहिर्मुखी, न परिश्रमी न आलसी... न आस्तिक न नास्तिक... आप सच ही कहेंगे कि मैं एक मध्यमार्गी हूँ लेकिन साहित्य पर इसे लागू करें तो एक पृथक् बात भी निकलती है...। मेरे लिए एक सफल कहानी वह है जो किसी एक छोर पर खड़ी होकर न लिखी गयी हो। कहानीकार यदि पहले से बहुत स्पष्ट... तयशुदा... निर्णीत होकर लिखेगा तो सम्भवतः बेहतरीन कहानी रचे जाने की उम्मीद क्षरित होगी। कहानी का सत्य स्पष्ट, मुखर, वाचाल और निश्चित नहीं होता है...अमूमन एक धुँधलके... एक झीनेपन में उसका सत्य सक्रिय रहता है। कहानी की सुन्दरता मंज़िल पर या किनारे पहुँचकर ध्वज फहराने के रोमांच में नहीं बल्कि गहराती और उमड़ती हुई नदी की जलराशि में तैरने अथवा चप्पू चलाने में निहित रहती है। मुझे ऐसी ही कहानियाँ प्रिय हैं, इसीलिए मैं अपने पहले कहानी-संग्रह *आदमी नहीं टूटता* की कहानियों को प्यार नहीं कर पाता। जबकि सामाजिक मान्यता है कि इन्सान का पहला प्यार हमेशा-हमेशा के लिए अमिट हो जाता है। कहना चाहता हूँ कि एक किस्सागो जीवन साधारण ज़िन्दगी की कसौटियों से बगावत करके ही सिद्ध बनता है। मसलन वफ़ा एक लोकप्रिय मूल्य है मगर कथाकार को अभिव्यक्ति की दुनिया में अपने रचनात्मक औजारों, आजमाये गये मुहावरों, कथानकों, शैलियों आदि के साथ बेमुरौव्वत होना

पड़ता है। इन्हें त्याग कर नये को आविष्कृत एवं अंगीकार करता है वह। और बाद में इनको भी छोड़ देता है। यही उसकी प्रगति, प्रासंगिकता और पुनर्नवता का मुख्य आधार है। इस धरातल पर ठहरकर सोचने लगता है कि किसी कहानीकार के लिए उसकी किसी कहानी का प्रिय होना समय सापेक्ष है, क्योंकि समयान्तर में जब उसके सृजन सम्बन्धी विचार परिवर्तित हो जाते हैं तो जो कहानी कभी प्रिय थी प्रिय नहीं रह जाती है। शायद यही वजह है कि पहले कहानी संग्रह *आदमी नहीं टूटता* की 'पिजड़े में खुशबू', 'सोने का चाकू', 'बादल छँटने से धूप तक' कहानियाँ मुझे अपने लेखन के शुरुआती दौर में काफ़ी प्रिय थीं, परन्तु अब मैं उन्हें याद भी नहीं करता हूँ। ऐसी दास्तान दूसरे कहानी संग्रह मुक्ति की कुछ कहानियों की भी है। अतः निष्पत्ति के रूप में कहना हो तो कहूँगा कि इश्क वही है... सच्चा प्रिय वही है जो समय के लम्बे अन्तराल के बाद भी हमारी चेतना और आत्मा पर अपने असर के साथ उपस्थित रहता है। मेरी नज़र में प्रिय की परख ऐसे ही हो सकती है। आज जब मुझको कहानियाँ लिखते हुए लगभग एक लम्बी अवधि व्यतीत हो चुकी है... पिछली कहानी लिखे हुए भी चार साल से ज़्यादा हुए... तो ऐसे में मुझे थोड़ी सहूलियत है कि मैं ईमानदारी और तटस्थता से पहिचान कर सकने की कोशिश कर सकूँ कि मुझको अपनी कौन सी कहानियाँ प्रिय हैं? निश्चय ही मैं जानता हूँ कि आज का पाठक बेहद सजग और प्रबुद्ध है इसलिए उसकी अदालत में कोई घोषणा बगैर सबूतों और विश्वसनीय मीमांसा के नहीं की जा सकती है। कहानीकार को महज प्रिय कहानियों के नाम बता देने भर से फुर्सत नहीं मिलने वाली है। उसे सप्रमाण बताना होगा कि वे उसको क्यों प्रिय हैं?

और उपरोक्त प्रश्न मैं अपने से कर रहा हूँ कि मुझे अपनी कहानी 'चिट्ठी' किन वजहों से प्रिय है?

एक पत्रिका के विशेषांक में लिखते हुए मैंने कहा था : ''अपनी कहानी 'चिट्ठी' से मुझे गहरा लगाव है और गहरी विरक्ति। पहले विरक्ति के बारे में । इस कहानी को लिखे हुए 25 बरस हो रहे हैं और इस बीच मैंने इसकी उपेक्षा करने, इसे थोड़ा पीछे धकेल देने के पर्याप्त जतन किये लेकिन उसके बावजूद यह चुनौती देती हुई मेरे सामने है। आप पूछेंगे कि मैं ऐसा आत्महंता क्यों? बताता हूँ : यह कहानी मेरी पहचान के साथ नत्थी हो गयी। लम्बे समय तक ऐसा हुआ कि कोई मुझे पहचानता या मेरा किसी से परिचय कराता तो यह वाक्य प्रकट

होता, 'चिट्ठी' कहानी के लेखक। शुरुआत में ये लफ़्ज़ शहद की तरह मिठास से भरपूर थे लेकिन बाद में कर्णकटु क्योंकि एक लेखक के रूप में मैं इस कहानी के ठप्पे से मुक्ति चाहता था।'' मगर ईमानदारी से स्वीकार करना चाहूँगा कि इस कहानी से दूरी बनाने की तमाम कोशिशों के बावजूद यह आज भी मेरे दिल के बेहद निकट है। इसकी एक वजह यह भी है कि इसमें उस दौर के मेरे अपने निजी दुःख सन्ताप इस भाँति प्रकट हुए थे कि वे दूसरों के भी दुःख सन्ताप थे। यकीन मानिये ज़िन्दगी हो या कहानी मुझे वह प्रिय है जिसके निजत्व में सामाजिकता और सामाजिकता में निजता का अंश शामिल रहता है।

प्रिय कहानी को लेकर सोचते हुए पाता हूँ कि यूँ तो मुझे 'चिट्ठी' कहानी से लेकर अब तक लिखी अपनी सभी कहानियाँ कमोबेश प्रिय हैं, क्योंकि अत्यन्त विनम्रतापूर्वक कहना चाहूँगा कि इन्हें लिखने में मेरे पास जो अधिकतम धीरज और मेहनत करने का माद्दा था उसे इस्तेमाल करने में मैंने एक किसान की तरह कोताही बिलकुल नहीं की, जैसे किसान खेत में अपना श्रम अपना पसीना बहाता है। कहना होगा किसान अपने खेत, अपनी फसल, अपने अन्न से गहन लगाव रखता है। शुक्रगुजार हूँ पाठकों और साहित्यिक परिवार का कि इस अवधि की सभी कहानियों 'चिट्ठी', 'अगली शताब्दी के प्यार का रिहर्सल', 'बायोडाटा', 'शापग्रस्त', 'जलडमरूमध्य ' आदि को उनका भरपूर प्रेम एवं समर्थन मिला। यही कारण है कि अब जब मैं *मेरी प्रिय कहानियाँ* पुस्तक के लिए प्रिय कहानियों का चयन करने बैठा हूँ तो मेरे सामने कुछ ही कहानियों को चुनने में काफ़ी मुश्किलें हैं। किसे लूँ किसे छोड़ दूँ। इस अनिश्चय की दशा से उबरने के लिए यही रास्ता कारगर लगता है कि मैं उन्हीं कहानियों को प्रस्तुत संकलन में सम्मिलित करूँ जो प्रिय हैं किन्तु साथ ही उनको रचने में मेरी कोई-न-कोई ऐसी विशिष्टता पहली बार उजागर हुई हो, जिसके कारण आज मुझे पहिचाना जाता है। साथ ही मैं उन कहानियों को भी शामिल करना पसन्द करूँगा जो इसलिए भी प्रिय हैं कि उनके माध्यम से मैंने समय-समय पर अपने रचनात्मक स्वरूप को बदला है, अर्थात् ऐसी कहानी जो मेरे नये प्रस्थान में सारथी बनी। इस चयन प्रक्रिया के चलते मुमकिन है कि कुछ ऐसी कहानियाँ शामिल होने से रह जायें जो ज़्यादा प्रतिनिधि और मशहूर हो सकती हैं, लेकिन क्या किया जा सकता है, हम किसी को प्रेम तराजू के मुताबिक तो करते नहीं हैं।

'चिट्ठी' कहानी के बारे में बता ही चुका हूँ। जब इसे लिखा था वह मेरे

जीवन में विफलताओं का दौर था, मगर इस रचना ने मेरे लिए साहित्य में सफलता का रास्ता पुरज़ोर तरीके से खोल दिया था। यह भी चर्चा करना चाहूँगा कि इसे लिखने की प्रक्रिया में मैंने सीखा था कि कैसे कहानी में दुःख को हँसते बोलते हुए रचा जाये।

उन दिनों अक्सर खयाल आता था कि हिन्दी में प्रायः नैतिक और अनैतिक, अच्छा और बुरा आदि की टकराहट से कहानियाँ लिखी जाती हैं, जबकि ज़िन्दगी में कई बार बुरे और बुरे या अच्छे और अच्छे की जुगलबन्दी से भी वाकया तैयार होता है। इस तरह मैंने 'अगली शताब्दी के प्यार का रिहर्सल' को लिखा। इसमें लड़का लड़की दोनों एक दूसरे से प्यार कर रहे होते हैं किन्तु हकीकत में वे प्यार नहीं कर रहे होते हैं। दोनों परस्पर एक-दूसरे के साथ कपट कर रहे हैं मगर वे वस्तुतः खुद को ही छल रहे हैं। ध्यान दें सन् '84 के बाद हमारे देश और दुनिया में यथार्थ बदलने लगा था। हिन्दुस्तान में संचार क्रान्ति, नयी आर्थिक नीति, नयी शिक्षा नीति आदि का शोर शुरू हो गया था और ये जाने-अनजाने हमारे संवेदन, सम्बन्धों और विचारों की दुनिया में सेंध लगा रहे थे। यहाँ तक कि प्रेम जैसा कोमलतम सम्बन्ध भी करियर की सीढ़ी बन सकता था। 'अगली शताब्दी के प्यार का रिहर्सल' में यही सब चीज़ें काम कर रही थीं।

उपर्युक्त परिदृश्य ने गहरा आघात राजनीति पर किया। वह अधिक क्रूर, आपराधिक, मूल्यहीन, मनुष्यविरोधी और पतनोन्मुख होनी शुरू हो गयी। मैं उसके इस निष्करुण और अमानवीय होने के यथार्थ को दर्ज करना चाहता था। वैसे भी हिन्दी में इस तरह की कहानियों के दृष्टान्त मेरी नज़र में नहीं थे। तो मैंने 'बायोडाटा' लिखी। बाद में मेरी अनेक रचनाओं में राजनीति की वास्तविकता का अंकन करने के अच्छे-बुरे जैसे भी सही, प्रयास हुए जिसे आलोचकों और पाठकों ने भी समय-समय पर रेखांकित किया है।

कुछ सामाजिक परिवर्तन प्रत्यक्ष और मुखर होते हैं, जैसे राजनीति में, लेकिन बहुत से परिवर्तन बेहद शातिर होते हैं। वे दबे पाँव चुपचाप मनुष्य की आत्मा, उसके आभ्यन्तर पर हमला करते हैं। वे हमारे सपनों, हमारी स्मृतियों, हमारी संवेदना को तहस-नहस करके हमारे भीतर विकराल विरक्ति पैदा कर देते हैं। इस स्थिति और इसके कारणों की तलाश करते हुए 'शापग्रस्त' लिखी गयी।

'जलडमरूमध्य' मेरे लिए कई मायने में खास है। यह वह कहानी है जिससे मैंने अपने को पुनः एक बार बदला था और एक नयी यात्रा शुरू की थी। इसको

लिखते समय भाषा शिल्प, संरचना और यथार्थ की वर्णन विधि में जो घटा था उसे लेकर मैं निश्चित नहीं था कि लोग किस रूप में स्वीकार करेंगे किन्तु प्रकाशित होने पर सारे संशय समाप्त हो गये। इतनी सराहना और चर्चा हुई कि मैं चकित था और फिर मेरे कहानी लेखन का नया दौर प्रारम्भ हुआ।

तो ये रहीं कुछ प्रिय कहानियाँ। यूँ हर रचनाकार अपनी किसी भी पुस्तक के प्रकाशन पर खुश होता है किन्तु *मेरी प्रिय कहानियाँ* शृंखला में शामिल होकर मुझको विशेष प्रसन्नता की अनुभूति हो रही है। बताना चाहूँगा कि अपने जीवन के प्रारम्भिक दौर में मैंने सबसे पहले साहित्य की जो पुस्तकें पढ़ी थीं और जिनको पढ़कर कहानी समझने लिखने का शऊर विकसित होना शुरू हुआ था, वे *मेरी प्रिय कहानियाँ* शृंखला की पुस्तकें थीं। आज उसमें खुद को पाकर सचमुच अच्छा लग रहा है। और इसे सम्भव बनाये जाने के लिए मैं राजपाल एण्ड सन्ज़ और सुश्री मीरा जौहरी जी का आभारी हूँ।

–अखिलेश

क्रम

चिट्ठी

कुटिया पर मुझे साढ़े सात बजे तक पहुँच जाना था और सात बज गये थे। एक तो मेरी जेब में रिक्शे-भर के लिए मुद्रा नहीं थी, दूसरे आज इस जाड़े की पहली बारिश हुई थी और इस समय रात के सात बजे तेज़ हवा थी। जाड़े में ठंडी के अनुपात में हमारा शरीर सिकुड़ जाता है और चाल धीमी हो जाती है, तो धीमी गति से कुटिया पर साढ़े सात बजे कैसे पहुँचा जा सकता था।

मैंने मफ़लर से कानों के साथ-साथ समूचे सिर को ढँक लिया। गर्दन पर लाकर दोनों किनारों को गाँठ लगायी। अब मैं अपनी समझ से सर्दी से महफ़ूज कुटिया तक पहुँच सकता था। मफ़लर के भीतर से मेरी आँखें और नाक झलक रही होंगी।

कुटिया में आज हम दोस्तों का सामूहिक विदाई समारोह था। कहने को तो हम बड़े दिन की छुट्टियों में घर आ रहे थे, पर इस बार का जाना साधारण प्रस्थान नहीं था। इस बार हमारे गमन में उत्साह नहीं, मज़बूरी थी। घरों से मनीऑर्डर आने की अवधि बढ़ती जा रही थी और हम किसी भी कम्पटीशन में उत्तीर्ण नहीं हो रहे थे। हमने कुछ अखबारों के दफ़्तरों और रेडियो स्टेशन में चक्कर मारे। पहली बात तो वहाँ काम का टोटा था, गर काम था तो क्षणजीवी किस्म का। उसमें भी श्रम ज़्यादा और धन कम का सिद्धान्त सर्वमान्य था।

सबसे पहले रघुराज ने घोषणा की, "मैं घर चला जाऊँगा। इलाहाबाद में मेरा पेट भी नहीं भर पाता है।"

कृष्णमणि त्रिपाठी ने गम्भीरता का नाटक करते हुए कहा, "सब्र करो, ईश्वर पर भरोसा रखो। ऊपरवाला जिसका मुँह चीरता है, उसे रोटी भी देता है।"

हम हँस पड़े। कृष्णमणि की यह पुरानी आदत थी। वह नास्तिक था और

ईश्वर की बात करके वह ईश्वर का मज़ाक उड़ाता था। उसका चेहरा मुलायम था और हाथों पर बड़े-बड़े घने बाल थे।

यह प्रारम्भ था। बाद में एक दिन हुआ यह कि फ़ैसला हो गया, हम अपने-अपने घरों को चले जायेंगे।

विनोद ने कहा था, ''हम इस तरह नहीं जायेंगे। हम एक दिन जायेंगे और जाने के एक दिन पहले मेरे कमरे पर बैठक होगी और उसमें मैं शराब सर्व करूँगा।''

विनोद ने अपने कमरे का नाम 'कुटिया' रखा था। मैं विनोद के कमरे पर जा रहा था। कुटिया जा रहा था, जहाँ पर मेरे बाकी दोस्त मिलेंगे। वे भी कल मेरी तरह इस शहर को छोड़ देंगे।

आगे की कहानी संक्षिप्त, सुखहीन और मंथर है, इसलिए मैं थोड़ा पहले की कहानी बताना चाहूँगा। उसमें उन्मुक्त विस्तार, प्रसन्नता और गति है। तो आखिर चीज़ें इतनी उलट-पुलट क्यों हो गयीं, यह रहस्य मैं इस उन्मुक्त, प्रसन्नता और गति से भरे हिस्से के बाद, यानी अभी-अभी जहाँ पर कहानी ठहरी थी, उसके बाद के अंश में खोलूँगा...

विनोद से मेरी पहली मुलाकात एक गोष्ठी में हुई थी। उसमें उसने कविताएँ पढ़ीं, जिनकी मैंने जमकर धुनाई की। सचमुच उस गोष्ठी में उसकी कविताएँ रुई थीं और मैं धुनिया। बस, उस गोष्ठी के बाद विनोद मेरा दोस्त बन गया। हमारी गाढ़ी छनने लगी। हमारी जो कुछ लोगों की मंडली थी, उसमें सिफारिश करके मैंने उसका दाखिला करा दिया। उधर उसका दाखिला हुआ था और इधर मेरा मकान-मालिक सात महीनों का बकाया किराया माँगने पर हरामीपन की हद तक उतर आया। एक बार मैंने मज़ाक में मामला रफा-दफा करने की गरज से कहा, ''नौ महीने हो जाने दीजिये। सात महीने में जच्चा-बच्चा दोनों को खतरा रहता है।'' सुनकर मकान-मालिक ने पिच्च से थूक दिया। पान की पीक ने मेरी वाक्पटुता की रेड़ मार दी थी।

आखिरकार मैंने पाया कि इस मामले में सात महीने का मुफ्त निवास भी उपलब्धि है। मंडली में कमरा तलाश करने की बात चलायी। अगले दिन सभी कमरे की खोज में सक्रिय हो गये। नवागंतुक विनोद भी इस काम में जोत दिया गया था।

कमरे के मामले में मकान-मालिक सिद्धान्तवादी होते हैं। उन्होंने कुछ सिद्धान्त बना रखे थे, जैसे शादीशुदा लोगों को ही किराएदार बनायेंगे। नौकरी वालों को वरीयता देंगे। नौकरी, स्थानान्तरणवाली हो। कुछ लोग गोश्त-मछली खाने पर पाबन्दी लगाते, तो कुछ रात में देर से आने पर। वगैरह...वगैरह!

मैं इन सभी मानदंडों पर अयोग्य था, फिर भी छल-प्रपंच कर कमरा प्राप्त कर ही लेता। दरअसल हम भी कोई ऐरे-गैरे नहीं थे। मेरा और मेरी मंडली का भी एक सिद्धान्त था कमरे को लेकर। कमरा उसी मकान में लिया जायेगा, जिसमें और जिसके आस-पास नैसर्गिक सौन्दर्य हो, यानी कि सुन्दरियाँ हों। इस बात की जानकारी हेतु हमारे पास उपाय था। हम पान और चाय की दुकानों पर गौर करते, जहाँ मुस्टंडों का जमावड़ा होता, उसके आस-पास कमरा पाने के लिए जद्दोजहद करते। कमरा न मिले, यह दीगर बात है, किन्तु हमारे प्रयोग की प्रामाणिकता कभी भी सन्देहवती नहीं हो पायी थी। वाकई वहाँ सुन्दरियाँ होतीं। चाय-पान की दुकानों के अलावा एक और दिशासूचक था हमारे पास पड़ताल का। हम मकान के छज्जों और छतों पर दृष्टिपात करते। यदि सलवार, कुर्ते, दुपट्टे या अन्तरंग वस्त्र लटकते होते, तो हम वहाँ बातचीत करना मुनासिब समझते।

विनोद इस प्रसंग में कुछ ज़्यादा ही, तेज़ निकला। नैसर्गिक सौन्दर्य या नैसर्गिक सौन्दर्य के वस्त्र देखता, तो पहुँच जाता और पूछता, ''मकान खाली है क्या?'' ''नहीं'' सुनने के बाद वह प्रश्न करने लगता कि बताया जाये आस-पास में कोई मकान खाली है? खैर, काफ़ी छानबीन के बाद एक कमरा मिला। बातचीत के पहले हमने छज्जे पर कुँवारे कपड़े देखे और छत पर तीन नैसर्गिक सौन्दर्य।

मकान-मालिक को तुरन्त एडवांस दिया और पहली तारीख से रहने की बात पक्की कर ली। जब हम कमरे में आये तो यह ज़िन्दगी का बहुत बड़ा घोटाला साबित हुआ था। मंडली के प्रत्येक सदस्य का चेहरा गमगीन हो गया था। वे तीनों सौन्दर्य विभूतियाँ रिश्तेदार थीं जो मंडली में बेवफ़ाई करके घर चली गयी थीं। रघुराज ने कहा, ''सालियों के सलवार, कुर्ते और दुपट्टे अब कहीं टँगते होंगे और युवा पीढ़ी को दिशाभ्रमित करते होंगे।'' प्रदीप ने दाढ़ी पर हाथ फेरते हुए कहा, ''सब माया है।'' और कमरे में कोरस शुरू हो गया :

माया महा ठगिनी हम जानी।
तिरगुन फाँस लिये कर डोलें
बोलै मधुर बानी।

केशव के कमला है बैठी शिव के भवन भवानी।
पंडा के मूरति होई। बैठी तीरथ में भई पानी...
योगी के योगिन है बैठी राजा के घर रानी।
काहू के हीरा है बैठी काहू के कौड़ी कानी...
भक्त के भक्तिन है बैठी ब्रह्मा के ब्रह्मानी।
कहै कबीर सुनो हो सन्तो वह अब अकथ कहानी...
माया महा ठगिनी हम जानी।

मंडली में कई लोग थे—प्रदीप, रघुराज, कृष्णमणि त्रिपाठी, विनोद, दीनानाथ, त्रिलोकी, मदन मिश्रा आदि। हम विश्वविद्यालय के बेहद पढ़े-लिखे लड़कों में थे। हमारी पढ़ाई-लिखाई वह नहीं थी, जो गुरुओं के पाजामे का नाड़ा-खोलने से आती है। हम उस तरह के पढ़नेवाले भी नहीं थे, जो प्रकट हो जानेवाले ग्रस्त रोगी की तरह अपने बाड़े में ही दुबके रहते हैं। ऐसों को प्रायः हम डंडा करते थे। राजनीतिक रुझान भी थी हमारी।

हम लोग लड़कियों के दीवाने थे। कोई हमारी आन्तरिक बातें सुनता तो हमें लम्पट और लुच्चा मान लेता। मगर हम ऐसे गिरे हुए नहीं थे। लड़कियों के प्रति यह आसक्ति वास्तव में जिज्ञासा और खेल थी। सीमा का अतिक्रमण हराम था हमारे लिए। सच कहूँ हम इतने नैतिक थे कि अवसर को ठुकरा देते थे। वैसे तो हम लोगों की तरफ़ अनेक लड़कियाँ लपकती थीं। हम अपने-अपने विभाग के हीरो थे। यह भी बता दूँ कि चिकने-चुपड़े गालों, सफाचट मूँछों और दौलत की वजह से हीरो नहीं थे; बल्कि हममें से अधिसंख्य तो दाढ़ी भी रखते थे। जहाँ तक दौलत का प्रश्न है, तो हम लड़कियों से प्रायः चन्दा माँगते थे। इस राह पर त्रिलोकी दो डग आगे था। वह व्यक्तिगत कामों के लिए भी लड़कियों से चन्दा वसूलता। लेकिन वह उन नेताओं की तरह नहीं था जो सामूहिक कल्याण के लिए चन्दा लेकर अपने तेल-फुलेल पर खर्च करते हैं। त्रिलोकी को जब निज़ी काम के लिए ज़रूरत होती तो ज़रूरत बतलाकर पैसा लेता। वह कहता, "विभा, भोजन के लिए पैसा नहीं है, लाओ निकालो।"

एक बार एक लड़की ने त्रिलोकी से पूछा, "तुम हम लड़कियों से ही क्यों हमेशा चन्दा माँगते हो?"

"क्योंकि वे दयालु होती हैं। लड़के घाघ और क्रूर होते हैं।"

त्रिलोकी की इस स्थिति की वजह उसकी एक खराब आदत थी। घर से

जब उसका मनीऑर्डर आता तो वह सनक जाता। रिक्शा के नीचे उसके पाँव नहीं उतरते थे। दोस्तों के साथ नानवेज खाता और सिनेमा देखता। एक-दो बार जन-कल्याण भी करता। जन-कल्याण मंडली में शराब का कोड था और देशभक्ति प्यार-मुहब्बत का। हाँ, तो हफ़्ते-भर में त्रिलाकी के पैसे चुक जाते और वह सड़क पर आ जाता।

कमोबेश मंडली के हर सदस्य की स्थिति यही थी। हमारी त्रासदी थी कि हम सुखमय जीवन जीने की कामना रखते थे किन्तु हमारे मनीऑर्डर वानप्रस्थ पहुँचाने वाले थे। यह दीगर बात है कि सब लोग त्रिलोकी की तरह महीने के पहले हफ़्ते में ही कंगाल नहीं होते थे, लेकिन महीने के अंत में भोजन को लेकर तीन तिकड़म करना सभी की बाध्यता थी। कृष्णमणि होटल में रजिस्टर देखता। जितने मीटिंग गेस्ट लिखा होता, उससे दो गुना मीटिंग वह अपने एक रिश्तेदार के यहाँ खाकर सन्तुलन स्थापित करता। मदन मिश्र प्रायः कमरे में खिचड़ी पकाकर मेस में एब्सेंट लगवाता। रघुराज भूखा रहकर भी हँसते रहने की क्षमता अर्जित कर चुका था। प्रदीप जिसमें ऐसी कोई योग्यता नहीं थी, लोगों के यहाँ घूम-घूमकर खाता। पंकज सक्सैना शर्मिला था सो, मंडली ने विनोद को समझा दिया था, वह उसका सत्कार करता। विनोद फले-फूले परिचितों से सम्मानजनक रकम कर्ज़ लेता था, जिसे कभी नहीं चुकाता था।

छुट्टियों के बाद यूनिवर्सिटी खुली थी, इसलिए लोगों के चेहरों पर एक खास तरह का नयापन और उल्लास था। पर ये चीज़ें उतनी नहीं थीं, जितनी इस मौके पर होनी चाहिए थीं। क्योंकि कल इस जाड़े की पहली बारिश हुई और आज हवा तेज़ चल रही थी, इसलिए लोग ठंड से सिकुड़े हुए थे।

मैं कुछ ज़्यादा ही पहले अपने हिन्दी विभाग आ गया था, इसलिए सामने के लॉन में खड़ा धूप खा रहा था। मुझे त्रिपाठी का इन्तज़ार था कि वह आये तो चलकर चाय पी जाये। मोहन अग्रवाल साले का पीरियड कौन अटेंड करे।

मैं सदानन्दजी के अलावा और किसी का पीरियड अटेंड नहीं करता था, क्योंकि बाकी अध्यापक पढ़ाई के नाम पर कथावाचन करते थे या खुद सही किताब से नकल करके इमला लिखवाते थे। एम.ए. में नकल का इमला। मैंने इनकी कक्षाओं का बायकाट कर दिया पर मेरे इस कुकर्म पर वे भन्नाने की जगह परम प्रसन्न

हो गये, क्योंकि अब वे क्लास में निर्भीक भाव से लघुशंका-दीर्घशंका समाधान कर सकते थे...।

मुझे त्रिपाठी पर झुँझलाहट हुई, आ क्यों नहीं रहा है। कहीं डूब गया होगा बतरस में। त्रिलोकी को बोलने का भयानक चस्का था। उसके बारे में प्रसिद्ध था कि त्रिलोकी जब बोलना शुरू करता है तो सामनेवाला केवल कान होता है और वह केवल मुँह।

मेरे विभाग में उसके आने का एक उद्देश्य सुन्दरियों को देखना भी होता था। यहाँ एम.ए. के दोनों भागों में लड़कियों की तादाद लड़कों से ज़्यादा होती थी, इसलिए यह विभाग अन्य छात्रों का तीर्थ होता था। यहाँ लोग विपरीत सेक्स के चक्कर में इस तरह मँडराते, जैसे अस्पताल और मन्दिरों के आस-पास मँडराते हैं। वैसे यह विश्वविद्यालय का मीरगंज बोला जाता था। मीरगंज इलाहाबाद का वह स्थल है, जहाँ नैतिकतावादी लोग बहुत सतर्क होकर घुसते और टिकते हैं और बाहर निकलते हैं।

तभी सदानन्दजी का स्कूटर रुका और वह अपना हैलमेट हाथ में झुलाते हुए आने लगे। हमारी मंडली उनका बेहद सम्मान करती थी, लेकिन उनसे हमारे सम्बन्ध बेतकल्लुफ़ थे। एक बार हमने उनसे शराब के लिए रुपये भी लिये थे। वह अपनी मेधा और वामपन्थी रुझान के अतिरिक्त एक अन्य प्रकरण की वजह से भी चर्चित थे। उन्होंने प्रेम-विवाह किया था किन्तु विभाग की अध्यापिका सुनीता निगम से प्रेम करते थे। दोनों दुस्साहसी थे और भरे विभाग में एक-दूसरे का हाथ पकड़ लेते थे। कई लोगों ने उन्हें सिविल लाइंस के एक अच्छे रेस्तराँ में देखा-सुना था। गुरु के बारे में ज़्यादा क्या कहा जाये, समझदार के लिए इशारा काफ़ी है। मतलब यह कि विवाह न करने के बावजूद दोनों दम्पति थे।

सदानन्दजी मुझे देखकर मुस्कुराये और पास आकर मेरी अभी हाल में छपी एक कविता की तारीफ़ करने लगे। मैंने सोचा, 'इस तारीफ़ को कोई सुन्दरी सुनती तो आनन्द था।' तभी एम.ए. प्रीवियस की नयी किन्तु सुन्दर लड़की उपमा श्रीवास्तव दिखी। हम दोनों का हल्का-हल्का चक्कर भी चल रहा था। मैं उसे बुलाकर सदानन्दजी से परिचय कराने लगा। परिचय के बाद मैंने कहा, "हाँ, तो सर, मेरी उस कविता में कोई कमी हो तो वह भी कहें, तारीफ़ तो आपने बहुत कर दी।"

वह मुस्कुराकर बोले, "नहीं भई, यह तुम्हारी बहुत अच्छी कविता है।"

"सर, प्रणाम!"

त्रिलोकी आ गया था। आज हम चार लोग धूप के एक वृत्त में खड़े थे। तभी विभागाध्यक्ष महेश प्रसाद, जिन्हें मंडली गोबर-गणेशजी कहती थी, लपड़-झपड़ आते दिखायी पड़े। उन्हें देखकर उपमा थोड़ी दूर खिसककर खड़ी हो गयी। कई दूसरे लोगों ने भी अपनी पोजीशन बदल ली, क्योंकि सदानन्दजी और गोबर-गणेशजी में दाँतकाटी दुश्मनी थी। गोबर-गणेशजी हिन्दी विभाग का अध्यक्ष होने के नाते अपने को साहित्यकार लगाते थे, पर साहित्य में मान्यता सदानन्दजी की थी। इसके अतिरिक्त गणेशजी प्रो. वी.सी. लॉबी में थे जबकि सदानन्दजी एंटी वी.सी. लॉबी में थे।

और सबसे खास बात, इस विश्वविद्यालय के अध्यापकों में ब्राह्मण और कायस्थ जाति के लोग शक्तिशाली थे जबकि सदानन्दजी सिंह थे। इस मामले में भी गणेशजी का कहना था कि असल में वह सिंह नहीं, यादव थे। सदानन्द मथुरा के नन्द कुलवंशी थे।

गणेशजी निकट आये, तो सदानन्दजी ने नहीं लेकिन मैंने और त्रिलोकी ने प्रणाम किया। जवाब में उनका सिर काँपा तक नहीं और आगे बढ़ गये। त्रिलोकी उनके पीछे हो लिया, "सर, हमारा और आपका मुद्दा आज हर हालत में साफ़ हो जाना चाहिए।"

मैं भी सदानन्दजी को छोड़कर लपका। त्रिलोकी गणेशजी के संग उनके कमरे में घुस गया, तो मैं चिक से सटकर खड़ा हो गया।

"कैसा मुद्दा?" गणेशजी हाँफ रहे थे।

"भक्ति आन्दोलन के सामाजिक कारण क्या थे?"

"उस दिन बताया था। सुना नहीं क्या?" उन्होंने किसी बच्चे की तरह चिढ़कर कहा।

"उस दिन भक्ति-आन्दोलन के सामाजिक कारण बतलाने के नाम पर आप साम्प्रदायिकता फैलाने की कोशिश करते रहे।"

"मैं तुम्हें क्यों बताऊँ सामाजिक आधार? तुम तो हिन्दी के छात्र हो नहीं। आउटसाइडर होकर मेरे विभाग में कैसे घुसे?"

त्रिलोकी कुर्सी खिसकाकर खड़ा हो गया। हाथ के पंजों को मेज़ पर रखकर थोडा-सा झुक गया, "भक्ति-आन्दोलन पर हिन्दीवालों का बैनामा है क्या? रही बात आउटसाइडर की, तो जो साले लुच्चे-बदमाश आपके विभाग में आँख सेंकने आते हैं, उनको कभी आपने मना किया? मना किया? आँय? उनको मना करने में आपकी

दुप-दुप होती है। मीना बाज़ार बना रखा है हिन्दी डिपार्टमेंट को। महानगरों की सिटी बसें बना रखा है।"

"मैं कहता हूँ निकल जाओ यहाँ से!"

"तो, आप मुझे बाहर निकाल रहे हैं। मैं हिन्दी का विद्यार्थी न होते हुए भी आपको चैलेंज करता हूँ कि हिन्दी साहित्य ही नहीं, संसार के साहित्य के किसी मसले पर बहस कर लें। बहस में अगर जीत जायें तो मैं पेशाब से अपनी मूँछें मुड़ा दूँगा।"

"मैं कहता हूँ निकल जाओ...निकल जाओ..."

"मुझसे निकलने को कह रहे हैं, दुरदुरा रहे हैं, जबकि मैं साहित्य का योग्य अध्येता हूँ और गुंडों को आप शेल्टर देते हैं। मैं जा रहा हूँ लेकिन जाते-जाते एक बात कह देना चाहता हूँ कि क्या कारण है, जब से आप हेड हुए, यहाँ केवल लड़कियों ने टॉप किया?"

वह तमतमाया हुआ बाहर आ गया। मैंने खुश होकर उसकी पीठ पर हाथ रखा, "वाह गुरु! मज़ा आ गया। चलो, लल्ला की दुकान पर तुम्हें चाय पिलाता हूँ।"

"अबे पहले एक ठो सिगरेट तो पिला।"

"ही...ही...गुरु...लो...।"

हम दोनों सिगरेट पी रहे थे। पढ़ने में रुचि रखनेवाले लड़के-लड़कियाँ हमें मुग्ध भाव से देख रहे थे, लेकिन पास नहीं आ सकते थे, क्योंकि उन नन्हे-मुन्ने प्यारे बच्चों को अच्छे नम्बर लाने थे, जो वे समझते थे कि गणेशजी की लेंड़ी तर किये बिना नहीं मिल सकते थे।

उपमा श्रीवास्तव भी एक कोने में खड़ी होकर हमें देख रही थी। त्रिलोकी मुस्कुराया, "कहो, कब तक भाभीजी को देवर दिखलाते रहोगे? वैसे उनके बगलवाली मेरी श्रीमती हो सकती हैं।"

"श्री शादीशुदा! सपने देखना छोड़ दो।" मैंने कहा।

"लेनिन के अनुसार सपने हर इन्सान को देखने चाहिए।"

"वह तो दिनवाला सपना है, तुम तो रातवाले सपने देख रहे हो।"

"तुम कुँवारे साले स्वप्न-दोष से आगे जा ही नहीं पाते..."

"हा...हा...हा..." मैंने ठहाका लगाया और कहा, "इस बात का फ़ैसला लल्ला की दुकान पर होगा।"

लल्ला की दुकान पर लड़कों का खूब जमावड़ा होता था, जिसकी खास वज़हें

थीं। दुकान यूनिवर्सिटी और कई हॉस्टलों के निकट थी। फिर सामने वीमेन्स हॉस्टल था। इसके अलावा लल्ला ने एक हिस्से में जनरल स्टोर खोल लिया था। वीमेन्स हॉस्टल के आस-पास में इकलौती अच्छी दुकान थी, सो हमेशा दो-चार लड़कियाँ खरीदफ़रोख्त करती मिलतीं।

मैं और त्रिलोकी दुकान पर पहुँचे, वहाँ इलेक्शन की चर्चा थी। हमने चर्चा में शरीक होने के पहले जनरल स्टोर की तरफ़ देखा, कुछ लड़कियाँ और कुछ सामान्य जन सामान खरीद रहे थे। त्रिलोकी ने मुझे कोंचा, "वो पीली साड़ीवाली को देखो।"

मैंने देखा, गोरा रंग और बड़ी-बड़ी आँखोंवाली थी वह। पीली साड़ी ने उसके गोरेपन को चन्दन का रंग बना दिया था। शेम्पू किये चमकते हुए बाल घुँघराले और कटे हुए थे।

मैंने उसे पहले भी कई बार देखा था। वह भेष बदला करती थी। कभी सलवार-कुर्ते में होती तो कभी पैंट-शर्ट में तो कभी स्कर्ट में। उसके कपड़े कभी ढीले होते तो कभी चुस्त। आज पीली साड़ी पहने थी और अलौकिक बाला लग रही थी।

"देख लिया।" मैंने बताया।

"क्या प्रतिक्रिया है?"

"भारत की मोनालिसा।"

"सी...ई...ई,..." यह पंकज सक्सेना की है! दोनों एक दिन शादी करेंगे और हमें भविष्य भर दावतें देंगे। पंकज की योजना है, नौकरी लगते ही शादी कर लेगा।"

"ईश्वर इसे अखंड सौभाग्यवती बनाये," मैंने कहा।

हम दोनों आकर दुकान के स्टूल पर बैठ गये। छात्र संघ के चुनाव परिणाम पर चर्चा चल रही थी। इस बार हमारी मंडली जिस संगठन से जुड़ी थी, उसने भी अध्यक्ष पद के लिए प्रत्याशी खड़ा किया था; जिसने अच्छी तरह शिकस्त खायी थी। दरअसल आज़ादी के बाद इस विश्वविद्यालय के छात्र-संघ का इतिहास रहा है कि अध्यक्ष की कुर्सी पर किसी ठाकुर या ब्राह्मण ने ही पादा है और प्रकाशन मन्त्री की कुर्सी कोई हिजड़ा-भड़वा टाइप का ही आदमी गँधवाता रहा है। अध्यक्ष विगत अनेक वर्षों से भारतीय राजनीति के एक धुर कूटनीतिक बहुखंडीजी की उँगलियों और आँखों की संगीत, चित्रकला और भाषा को तत्क्षण समझ लेनेवाला होता रहा है। इसके मूल में छिपा रहस्य यह है कि बहुखंडीजी पहले इस बात का जायजा

लेते हैं कि कौन दो सबसे वरिष्ठ प्रतिद्वन्द्वी हैं। फिर उनका कुबेर दोनों को समृद्ध करता है। इसके बावजूद इस बार हमारा संगठन बहुखंडीजी की मंशा का खंड-खंड करता। बहुखंडीजी ही क्यों, शराब के बड़े ठेकेदार सीताराम बरनवाल, उद्योगपति हाफ़िज, सभी के फ़न को कुचलता हमारा संगठन। सभी की लपलपाती जीभ को सिद्धान्तों के धागे से नापता हमारा संगठन। लेकिन चुनाव की पिछली रात जनेऊ घूम गया। बहुखंडीजी का प्रत्याशी इस बार ब्राह्मण था। मशाल जुलूस निकालने के बाद वह सभी छात्रावासों में गया और अपनी जाति के लोगों की मीटिंग कर पानी भरने की रस्सी जितनी मोटी जनेऊ निकालकर गिड़गिड़ाया, ''जनेऊ की लाज रखो।'' और हम हार गये।

हम छात्रसंघ के चुनाव की चर्चा में डूब-उतरा ही रहे थे कि रघुराज हाँफता हुआ आया और मुझसे तथा त्रिलोकी से एक साथ बोला, ''छह समोसे खिलाओ।''

हम समझ गये, आज खाना नहीं खाया है उसने। इस समय वह थोड़ा बुझा हुआ भी था कि त्रिलोकी ने उससे पूछा, ''कहाँ से आ रहे हो महाराज?''

''यार, दो लड़कियों से आरूढ़ रिक्शे के पीछे साइकिल लगायी। रिक्शा सिनेमा हॉल के पास रुका। मैं भी देखने लगा फ़िल्म।''

हम समझ गये अब रघुराज शुरू हो गया है। मैंने पूछा, ''कैसी थी फ़िल्म?''

''ठीक ही थी, बस अश्लीलता का अभाव था।'' रघुराज की विशेषता थी कि मूड की स्थिति में संसार के सभी क्रिया-व्यापार के मूल्यांकन के लिए उसके पास इकलौता बँटखरा सेक्स था।

''और लड़कियाँ कैसी थीं?'' त्रिलोकी का प्रश्न था।

''क्षमा करना यार, मैं बताना भूल गया। उसमें एक लड़की थी, दूसरी नव-विवाहिता थी, भाभीजी!''

''पर तुम किसके लिए प्रयासरत थे?''

''दोनों के लिए। बेशक दोनों के लिए, लेकिन ज़्यादा भाभीजी के लिए।''

''लेकिन रघुराज, मैंने प्रायः देखा है कि तुम्हें शादीशुदा औरतें ज़्यादा अच्छी लगती हैं। इसकी वजह क्या है?''

''इसकी वजह, चरम समय पर वे चीं...चीं नहीं करतीं...''

''वाह रघुराज, तुम्हारी पकड़ बहुत अच्छी है। तुमको लेखक होना चाहिए। उपन्यास पर काम करो रघुराज।''

''कर रहा हूँ। एक उपन्यास पर काम कर रहा हूँ—अतृप्त काम-वासना का

ज़िन्दा दस्तावेज़। और एक कहानी पूरी की है—इलाहाबाद के तीन लड़कों को देखकर दिल्ली की लड़कियाँ विद्रोह कर नंगी घर से बाहर।" उसने ज़ोर का ठहाका लगाया, "साले लेखकों की दुम। आज तक मैंने कुछ लिखा है, जो अब लिखूँगा? फिर आज तक बाँझ औरत के कभी सन्तान हुई है? हा...हा...हा..."

रघुराज अब अपनी रौ में था। हमने वहाँ से उठ लेना ही बेहतर समझा, क्योंकि वहाँ मंडली से बाहर के कई लड़के थे जिनकी निगाह में हम ब्रह्मचारी किस्म के सरल-सीधे माने जाते थे।

हम उठने लगे तो दूसरे लोगों ने हमें रोका लेकिन हम रुके नहीं। थोड़ी ही दूर बढ़े होंगे कि रघुराज ने अपना काम शुरू कर दिया। आने-जानेवाली प्रत्येक लड़की को वह टकटकी बाँधकर देखता। हमने टोका तो कहने लगा, "कहाँ कायदे से देख पाता हूँ। ईश्वर ने एक आँख पीछे भी दी होती, तो कितना आनन्द होता!"

मैंने सलाह दी, "तुम इसके लिए तपस्या शुरू कर दो।"

"ठीक है।" वह ठिठक गया, "मैं यहीं धूनी रमाऊँगा!" ठीक सामने वीमेन्स हॉस्टल था। मुझे इसकी यह आदत बिलकुल अच्छी नहीं लगी, "देखो, तुम वीमेन्स हॉस्टल के बारे में कुछ मत कहना।"

"क्यों?"

"क्योंकि जब सूरज डूब जाता है तो अँधेरे में लड़कियों का यह हॉस्टल मुझे एक अद्‌भुत रहस्य लोक-सा लगता है...मेरे भीतर इसके लिए एक पवित्र भाव है।"

"देखो बालक! वैसे मैं तुम्हारे तथाकथित पवित्र बोध को अपवित्र नहीं करना चाहता।" रघुराज गम्भीर हो गया, "लेकिन अज्ञान की वजह से जन्मी पवित्रता कोई वज़न नहीं रखती इसलिए तुम चाहो, तो मैं तुम्हारी जिज्ञासा को शान्त कर सकता हूँ। चाहते हो?"

त्रिलोकी बोल पड़ा, "हाँ...हाँ...महाराज, बताओ..."

"तो सुनो।" वह रुक गया। हम लोगों को पल-भर देखा। फिर धीरे-धीरे चलते हुए कहने लगा, "मैं कुछ बताने से पहले एक सवाल करना चाहता हूँ। बताओ, इस हॉस्टल में पी.एस.एफ. से जुड़ी लडकियाँ अधिक क्यों हैं? हमारे संगठन की तरफ़ वे ज़्यादा आकर्षित क्यों नहीं होतीं?"

"तुम ही बताओ महाराज! सब तुम ही बताओ?" त्रिलोकी ने व्यग्र होकर कहा।

"ठीक है, मैं ही बताता हूँ। इसलिए कि पी.एस.एफ. भद्र लोगों के वर्चस्व

वाली संस्था है। उसमें लड़कियाँ इसलिए जाती हैं कि उससे जुड़कर उनमें अपने को विशिष्ट समझने का एहसास होता है। देखो, आजकल सम्पन्न घरों के सदस्यों में सामाजिक कार्य करने का चस्का ज़ोर पकड़ता जा रहा है लेकिन उनके ये कार्य मूलतः जनता के संघर्ष की धार को कुन्द करने के लिए होते हैं, यही बिन्दु पी.एस.एफ. और इन सुविधाभोगी लड़कियों के बीच सेतु का काम करता है।''

''रघुराज, हमने तुमसे पी.एस.एफ. और लड़कियों के सम्बन्ध पर प्रकाश डालने के लिए तो प्रार्थना की नहीं थी।'' मैंने अधीर होकर कहा।

त्रिलोकी ने भी मेरी बात पर हामी भरी।

रघुराज भड़क गया, ''तुम लोग तभी तो अच्छे लेखक नहीं बन सके।'' वह ज़ोर-ज़ोर से बोलने लगा, ''केन्द्रीय तत्व को समझे बिना यथार्थ को फैलाने की कोशिश करते हो। यही हड़बड़ी वाली आदत अगर सम्भोग के समय रही, तो शीघ्रपतन के रोगी कहलाओगे और तुम्हारी बीवियाँ बदचलन हो जायेंगी...''

हमने हाथ जोड़ लिया, ''अच्छा, भइया, सुनाओ! सुनाओ!''

''चलो, क्षमा कर देता हूँ। हाँ, तो मेरी उपरोक्त बात से तत्व निकला कि वीमेन्स हॉस्टल की अधिसंख्य लड़कियाँ आर्थिक दृष्टि से दुरुस्त परिवारों से जुड़ी हैं। लेकिन इससे क्या होता है? यहाँ भी कई तरह की भिन्नताएँ कई तरह की कलहों को जन्म देती हैं। अब बहुत सम्भव है, थानेदार की बिटिया का मनीऑर्डर और जूनियर इंजीनियर की बिटिया का मनीऑर्डर क्रमशः डिप्टी, एस.पी. और असिस्टेंट इंजीनियर की बिटिया के मनीऑर्डर से ज़्यादा रुपयों का होता हो। ऐसी स्थिति में पहली दोनों को घमंड अपने बाप के पैसों का होगा, दूसरी दोनों को अपने-अपने बाप के पद का। दूसरी तरफ़ हीनता भी अपने बाप के कारण होगी कि एक का बाप पैसा रखते हुए भी मातहत है, दूसरे का बाप अफ़सर होते हुए भी मातहत से कम समृद्ध। लड़कियों के बीच कलह का एक प्रमुख कारण यह है। तुम लोग जानते ही हो, इन लड़कियों में होड़ की भावना बड़ी प्रबल होती है। वे पैटी से लेकर प्रेम तक में अपनी चीज़ को श्रेष्ठ देखना चाहती हैं। कम-से-कम दूसरे से उन्नीस तो नहीं ही देखना चाहती हैं। अब जिनकी माली हैसियत अपेक्षाकृत पिछड़ी होती है, वे गड़बड़-सड़बड़ हो जाती हैं। ऐसे में पहला दम किसी मालदार प्रेमी को पटा लेने का होता है। इसके बावजूद कमी पड़ी तो पतन शुरू हो जाता है...'' इतना कहकर रघुराज चुप हो गया। हम भी चुप हो गये।

कुछ देर बाद मैंने कहा, ''और कुछ ज्ञान दोगे?''

"समय क्या है?"

"तीन चालीस।"

"तो त्रिलोकी, तुम भी सुनो, हमें चलना भी है। चार तीस पर जाकर सांस्कृतिक हस्तमैथुन का विरोध करना है।

"पर तुमने सांस्कृतिक हस्तमैथुन नाम क्यों दिया?"

"क्योंकि किसी भी स्वस्थ कला के निर्माण के लिए इसकी समाज से प्रतिक्रिया अनिवार्य होती है, पर जिनको तुम लोग आज डंडा करोगे, वे स्वयं रचते, स्वयं आनन्दित होते हैं।"

हम अल्फ्रेड पार्क यहाँ से आधे घंटे में आसानी से पहुँच सकते थे। यानी कि हमारे पास बीस मिनट का वक्त था पर हमने तय किया कि वहीं चलते हैं। वहाँ हम धूप का एक टुकड़ा खोजेंगे और बीस मिनट लेटे रहेंगे।

शहीद पार्क से इकट्ठा होकर हमें कला भवन के लिए कूच करना था। बाकी लोग वहीं मिलनेवाले थे।

मंडली के नेतृत्व में तमाम युवा कलाकार छात्र भवन में हो रहे नाट्य समारोह का विरोध करनेवाले थे, क्योंकि कलाभवन एक सरकारी संस्था थी और इसके कार्यक्रम जनता और उसके अपने कलाकारों से मुँह मोड़े रखते थे। इसमें दर्शक, श्रोता, अफ़सर वगैरह होते और कलाकार विदेशी मेकअप में ऐंठे रहने वाले। यहाँ शराब की झमाझम बारिश और रासलीला के प्रयत्न की सुरसुरी समय-असमय हर समय देखी जा सकती थी।

विनोद ने कहीं से कार्यक्रम का पास उपलब्ध कर लिया था। योजना यह थी कि वह हमारे विरोध के पर्चों का बंडल झोले में छुपाकर भीतर हो जायेगा और भीतर जितना बाँट सकेगा, बाँटेगा, बाकी लोग बाहर नारेबाज़ी करेंगे। कला भवन की कमर तोड़ने की अब हम ठान चुके थे...

तो मंडली के लोगों का एक रूप था बौद्धिक, मस्त और निर्भय।

ज़िन्दादिली की रोशनाई में डूबी कलमें थे हम।

पर हम और भी कुछ थे। कहीं कुछ बुरा देखें, बुरा सुनें—हम क्रोध से काँपने लगते। इतने अजीब थे हम कि यदि खुद ही गलत कह या कर जाते तो खुद पर ही खफ़ा होने लगते।

हम पोस्टर चिपकाते। नारे लगाते। हम जुलूसों में होते, सभाओं में होते, हड़तालों में होते। हम पुलिस और गुप्तचरी के रज़िस्टर में दर्ज थे। सचमुच हम

पढ़ाकू और लड़ाकू थे।

हम गर्म तन्दूर पर पक रही रोटियाँ थे।

लेकिन हम ऊपर उड़ते गैस-भरे रंग-बिरंगे गुब्बारों की तरह थे। हम उड़ रहे थे...हम उड़ रहे थे...उड़ते-उड़ते हम ऐसे वायुमंडल में पहुँचे जहाँ हम फूट गये। अब हम नीचे की ओर गिर रहे थे। अपना सन्तुलन खोये हम नीचे की ओर गिर रहे थे। हमारा क्या होगा, हमें पता नहीं था..।

हमें नौकरी मिल नहीं रही थी, जबकि वह हमारे लिए साँस थी इस वक्त।

उपमा मुझसे उखड़ी-उखड़ी रहने लगी। जब भी मिलती मशविरा देती कि मुझे कम्पटीशन की पढ़ाई और मेहनत से करनी चाहिए। इस पर मैं क्रुद्ध हो जाता। धीरे-धीरे हमारे सम्बन्धों के पाँव उखड़ने लगे...।

सदानन्दजी भी मंडली से दोस्ताना अन्दाज़ में नहीं मिलते। वह मंडली पर दया करने लगे थे।

अब हम भोजन के लिए लाल-तिकड़म नहीं करते थे। न होने पर भूखे रह जाते। उधार लेने का मनोबल भी खो चुके थे हम।

कोई हमसे पूछता, ''क्या कर रहे हो?'' तो प्रत्युत्तर में हम काँपने लगते। किसी से मिलने के पहले ही हमारे दिल की धड़कन तेज़ हो जाती, कहीं पूछ न लिया जाये, क्या कर रहा हूँ मैं?

आपस में भी मिलना कम होने लगा। हम परस्पर कतराने लगे। हमारे बीच मुहब्बत बदस्तूर थी पर बातचीत में हम थोड़ा कटखने हो गये थे। एक बार हम लोग छुट्टियों में अपने-अपने घर गये। लौटने पर हम सभी थके और हारे हुए लग रहे थे। हमने अपने माता-पिता-परिचितों को निराश किया था, जिससे वे चिढ़ गये थे। उन्होंने हमें हिकारत से देखा था और हम हार गये थे। थक गये थे।

फिर भी हमने तय किया था कि हम घर चले जायेंगे। हम 'कुटिया' पर इकट्ठा होने वाले थे। अपने-अपने घरों को प्रस्थान करने के लिए।

हम खुशी या फ़ायदे के लिए नहीं वापस हो रहे थे। हम मजबूर थे, क्योंकि यहाँ तो जीना मुहाल हो गया था। गुजारा मुश्किल था।

बाद की कहानी यह कि हम कुटिया पर इकट्ठा हो गये थे। विनोद का यह कमरा आधुनिक शैली का था पर उसकी जीवन-पद्धति ने इस आधुनिकता का कबाड़ा

कर दिया था। किताबें और कपड़े हर जगह फैले हुए थे। उसने हर जगह रंगीन तस्वीरें चिपका रखी थीं। चेग्वारा की बगल में एक सुन्दरी कूल्हे मटका रही थी...

सबसे पहले त्रिलोकी बहका। वह हाथों में शराब का गिलास लेकर खड़ा हो गया और बोला, ''भाइयो और बहनो!''

''नेताजी, यहाँ कोई लौंडिया नहीं है।'' प्रदीप चिल्लाया। वह भी हल्के, बहुत हल्के सुरूर में आ गया था।

''बड़े अफ़सोस की बात है।'' त्रिलोकी दुखी होकर बोला, ''यह भारतवर्ष का बहुत बड़ा दुर्भाग्य है कि हम जैसे महान युवकों के पास न प्रेमिकाएँ हैं और न नौकरियाँ। हम किसके सहारे जियें?

''मैं जानता हूँ...। जानता हूँ...लो मैं बैठ जाता हूँ...पब्लिक साली अब समझदार हो गयी है...सवाल-जवाब करने लगी है...''

''सवाल-जवाब ही तो नहीं कर रही है जनता, वर्ना हमारी यह दशा नहीं होती...नहीं होती...।'' दीनानाथ ने धीमे से अपने से ही कहा।

त्रिलोकी को छोड़कर बाकी मंडली अभी नशे में नहीं थी। नशे की पूर्वावस्था सुरूर में थी।

''आखिर हम यहाँ क्यों इकट्ठा हुए हैं?'' मदन मिश्र दार्शनिक अन्दाज़ से बोला।

मैंने कहा, ''यहाँ हम विदाई-समारोह के उपलक्ष्य में एकत्र हुए हैं।''

''नहीं।'' प्रदीप ने बताया, ''यह बैठक हमारे सुख की शोकसभा है। हमारे पास जो भी सुख था, इस बैठक से पहले खत्म हो गया। कल से हम दुखी दुनिया के दुखी नागरिक होंगे।''

''हम नागरिक नहीं हैं। दुखी दुनिया के नागरिक मज़दूर और किसान होते हैं, जिनके श्रम का शोषण होता है। हमारे पास तो सामाजिक श्रम करने का भी अधिकार नहीं है।'' त्रिलोकी तैश में आ गया था, ''जिसके पास कोई काम नहीं होता, वह आदमी नहीं होता। हम आदमी नहीं हैं...इस व्यवस्था ने हमें आदमी नहीं रहने दिया...हमसे हमारा होना छीन लिया गया...।'' त्रिलोकी सुबकने लगा। वह सिर झुकाये सुबक रहा था।

जैसे काठ मार गया हो, हम सब स्तब्ध हो गये। इस बात को कृष्णमणि ने सबसे पहले भाँपा। वह आहिस्ते से त्रिलोकी के पास गया और उसके लटके हुए मुँह से एक सिगरेट लटका दी, ''नेताजी, ईश्वर एक दिन तुम्हारी सुनेगा ज़रूर।

तुम इसी तरह भाषण करो लेकिन भाषण के बाद असल में सुबकना छोड़ दो तो एक दिन सच्ची-मुच्ची में नेता हो जाओगे और मौज करोगे।''

''हम एक दिन मर जायेंगे, और कोई जानेगा भी नहीं।''

विनोद मेज़बानी भूला नहीं, ''आप लोगों में जिसके गिलास खाली न हों, कृपया उन्हें ज़ल्द खाली कर लें। यह साकी जाम का दूसरा पैग ढालने के लिए उतावला है।''

''काश, आज हम किसी रूपसी के हाथ से पीते तो रात कितनी हसीन होती!'' रघुराज था।

''मार साले को।'' हमने चौंककर देखा, प्रदीप था। उसे भी चढ़ गयी थी। उसने फिर कहा, ''मार साले को।'' और चुप हो गया।

मैंने पूछा, ''किसे मार रहे हो?''

''अपने दोस्तों के लिए नहीं कह रहा हूँ। बस, मार साले को।''

हम दूसरा पैग पीने लगे। रात और ठंड दोनों बढ़ गयी थी। दीनानाथ ने उठकर खिड़कियाँ बन्द कर दीं। हमने सिगरेट सुलगा लीं। उनका धुआँ कमरे में घुमड़ने लगा। मदन ने घूँट लेकर सिगरेट पी और कहा, ''रोज़ मेरी मृत्यु होती है। रोज़ कई-कई बार मेरी मृत्यु होती है। कोई मुझसे पूछता है, 'तुम क्या करते हो?' और मैं मर जाता हूँ।''

''मार साले को।'' प्रदीप धुत् होने के करीब पहुँच गया था। वह किसे मारना चाहता था?

''तुम लोग समझते होगे, मैं नशे में हूँ लेकिन मैं होशोहवास में कह रहा हूँ। बेरोज़गारी के कारण मैं कई-कई बार रोया हूँ। पिछली बार का रक्षाबन्धन था। बहन को देने के लिए मेरे पास कुछ नहीं था। भाई उसके लिए कपड़े ले आये थे। मेरे पास कुछ नहीं था। बहन ने मेरे सिरहाने की किताब में चुपके से सौ का नोट रख दिया। उसे पॉकेट में रख खूब रोया। मैंने उसे कुछ नहीं दिया। वह नोट अब भी मेरी डायरी में रखा है। मैं उसे देखता हूँ और उदास हो जाता हूँ।'' कृष्णमणि अपने चेहरे पर हाथ फेरने लगा।

''माँ-बाप दो आँखें नहीं करते—यह झूठ है।'' विनोद ने एक साँस में कह डाला, ''मेरे माँ-बाप मेरे कमासुत भाई की चापलूसी तक करते हैं पर मुझे देखकर जल-भुन जाते हैं।''

''और मैं। मेरा पिता से कोई संवाद नहीं। एक दिन उन्होंने गुस्से में चीखकर

कहा, 'लोग पूछते हैं कि तुम्हारा बेटा क्या करता है? मैं क्या बताऊँ उन्हें? बोल। जवाब दो। बोल।' बस, इसी दिन से हम एक-दूसरे से नहीं बोले।''

दीनानाथ आँखें स्थिर कर कुछ सोचने लगा। कहीं खो गया था वह।

''लो, मैं भी बता देता हूँ।'' रघुराज ने अपना सिर उठाया, उसकी आँखें सुर्ख लाल थीं, ''मैं अपना रहस्य खोलता हूँ। अब हम जा रहे हैं, तो क्या छिपाना। मैं लड़कियों के पीछे कभी नहीं भागा। मैं एक कपड़े की और एक दवा की दुकान पर पार्ट टाइम काम करता रहा। मालिक मुझे ढाई सौ रुपये का चाकर समझते रहे। मैं...मैं...'' वह चुप हो गया, उसकी आवाज़ फँसने लगी थी।

मंडली अवाक् थी रघुराज की बात से। रघुराज ने अपना चेहरा फिर घुटनों में छिपा लिया।

हम सभी ने अपनी रामकहानी कही। हमने तीसरा पैग लिया। हमने चौथा पैग पिया। पाँचवाँ पिया...। हम लुढ़कने लगे।

विनोद ने कहा, ''हम खाना कैसे खायेंगे?''

''भविष्य में हमें भूखे रहना है, हम आज भी भूखे रहेंगे।'' मदन डाँवाडोल होते हुए उठ खड़ा हुआ। हम सभी खड़े हो गये।

हम कुटिया के बाहर खड़े थे, अलग-अलग दिशाओं की तरफ़ जाने के लिए। रात गाढ़ी थी और हवा सरसरा रही थी। हमारे मुँह बन्द और चेहरे भिंचे हुए थे।

''अच्छा, दोस्तो!'' रघुराज ने गला साफ़ करते हुए दुबारा कहा, ''अच्छा, दोस्तो! अब विदा होते हैं...।''

एक क्षण सन्नाटा रहा फिर अचानक हम सब लोग ज़ोर से रो पड़े। हम सारे दोस्त फूट-फूटकर रो रहे थे...

उस दिन अलग होने के पहले हमने तय किया, ''हममें से यदि कोई कभी सुखी हुआ तो सारे दोस्तों को खत लिखेगा।''

लम्बा समय बीत गया इन्तज़ार करते, किसी दोस्त की चिट्ठी नहीं आयी। मैंने भी दोस्तों को कोई चिट्ठी नहीं लिखी है।

अगली शताब्दी के प्यार का रिहर्सल

विपिन सिंह एडवोकेट के पास अच्छा बैंक-बैलेंस था। दिव्य मकान था। दो कारें थीं। विचारशील ठहरे, इसलिए उन्होंने कुछ फैक्टरियों के शेयर भी खरीद लिये थे। राजनीति में हाथ-पाँव मार ही रहे थे।

उनके एक पत्नी, एक रखैल और एक बेटी थी दीपा जो विपिन सिंह की इकलौती सन्तान थी। वह एम.ए. में पढ़ती थी। दीपा योग्य, चतुर सुजान और फ़ैशन में डूबी हुई एक दक्ष लड़की थी। उसकी योग्यता का आलम यह था कि वह चुटुर-पुटुर संसार के हर विषय के बारे में जानती थी। जैसे कि वह भूगोल में जानती थी कि संसार का सबसे बड़ा टीला कौन है या अर्थशास्त्र में जानती थी कि किस देश में कौन-सी मुद्रा चलती है। वह दावे से कहती थी, "मैं जिस कम्पटीशन में चाहूँ चुटकी बजाकर आ जाऊँ।" इसके बाद वह वाकई चुटकी बजा देती थी और कन्धे उचका देती थी।

चतुर सुजान इतनी कि कोर्स की अच्छी और दुर्लभ किताबें सहेलियों की सब पढ़ लेती लेकिन अपनी किताबों के बारे में किसी को हवा नहीं लगने देती। परीक्षा के पहले वह जो पेपर आउट करती, अकेले हज़म कर लेती मगर दूसरों से झपट लेती। चाहे इसके लिए उसे लड़कों को प्यार के दो बोल और लड़कियों को गिफ़्ट ही क्यों न देने पड़ें। वैसे इसकी वह नौबत नहीं आने देती थी क्योंकि प्रायः वह अध्यापकों को ही प्यार के दो बोल और छोटे-मोटे गिफ़्ट देकर परिपूर्ण हो जाती।

अब रही बात फ़ैशन की, तो दीपा के क्या कहने! कोई सहेली या आंटी-भाभी क्रेप-डि-शान साड़ी का पक्ष लेती, तो वह उन्हें यह कहकर ध्वस्त कर देती कि मैसूर सिल्क का नाम बदल लेने से यह कोई नया फ़ैशन थोड़े ही हो गया। वह ट्राउज़र के साथ बुश कोट, मरजीना सलवार आदि को तो हँसकर उड़ा देती। वह

जेनफोंडा की एरोबिक प्रस्तुति को बकवास कहती तो बम्बइया फ़िल्मों को ऊलजलूल। वह टाकीज़ में 'अंग्रेज़ी फ़िल्में देखती तो घर के वीडियो पर फ़ार्मूला फ़िल्में। वह रविशंकर के संगीत की दीवानी थी, हालाँकि, पल्ले कुछ नहीं पड़ता था। उसने क्रुरासोवा की कोई फ़िल्म नहीं देखी थी लेकिन उनकी फ़ैन थी।

दीपा को बस तीन चीज़ों का अफ़सोस था। एक : उसे अंग्रेज़ी बोलनी नहीं आती थी, पढ़-समझ लेती थी मगर बोल नहीं पाती थी। दो : उसका कद छोटा था। तीन : इस शहर में स्वीमिंग पूल नहीं था। वह जब वीडियो में युवाओं को धड़ाम-धड़ाम कूदते और छपाक-छपाक नहाते देखती तो रोमांचित होकर उदास हो जाती।

लेकिन उसे उम्मीद थी कि आज नहीं, कल इस शहर में स्वीमिंग पूल होकर रहेगा। इसी तरह लम्बाई बढ़ाने के लिए वह विटामिन ए के अलावा कई अन्य प्रकार की दवाओं एवं कसरतों का सहारा ले रही थी। रही बात अंग्रेज़ी की, तो कई बार उसने सोचा कि 'पन्द्रह दिन में अंग्रेज़ी बोलना सीखें' स्कूल में दाखिला ले ले। पर ऐसा नहीं कर सकी, क्योंकि वह डरती थी, किसी दोस्त ने देख लिया वहाँ जाते, तो क्या होगा अपन का?

पिता को वह ज़्यादा मानती थी, माँ को कम। पिता उसको 'बेटा' कहते और वह उनकी गर्दन में बाँहें डालकर झूल जाती, 'ओ पा...पा...' एक बार माँ के साथ उसने ऐसा किया था, तो माँ ने झटक दिया था, "घोड़ी जैसी हो गयी है, ठीक से रह।" फिर उन्होंने पति से कहा, "अरे सुनते हो, तुम्हारी यह लायक बेटी पहाड़ जैसी हो गयी है, इसके शादी-ब्याह की फ़िक्र करो अब।"

तब दीपा सिंह इन्टर की छात्रा थी। शादी-ब्याह सुनकर पहली बार उसके मन में प्यार का विचार कौंधा। उसने सोचा, 'अगर शादी-ब्याह करना है तो अभी से प्यार प्रारम्भ कर देना चाहिए।'

इतना सोचना था कि उसमें बदलाव आ गया। वह भाँति-भाँति से मुस्कुराने लगी और शरीर को इधर-उधर उमेठने लगी। वह शीशे के सामने खड़ी हो जाती। छुप जाती और फिर खड़ी हो जाती। बालों को कभी वह किसी तरह झाड़ती, कभी किसी तरह। और कभी वह एकदम से बिखरा देती।

तब से अब तक वह तीन-चार बार प्यार कर चुकी थी। आखिरी प्यार उसका इसलिए विखंडित हुआ था कि लड़के के चेहरे पर एकाएक मुँहासे निकल आये थे।

अब वह एम.ए. प्रथम वर्ष में पहुँच गयी थी, अतः निर्णायक प्यार करना चाहती थी यानी कि वह ऐसा प्यार करने की आकांक्षा से ओत-प्रोत थी, जो विवाह में परिणत हो सके। हालाँकि वह इस बात पर भरोसा रखे थी कि पिता विपिन सिंह उसके लिए जो लड़के तलाश रहे थे, उसी में कोई दुरुस्त प्राप्त हो जाये तो भी चलेगा। लेकिन प्रेम-विवाह को कीर्ति से वह वंचित नहीं होना चाहती थी। इसीलिए उसमें प्रेम की तमन्ना थी। उसके प्रेम का आलम यह था कि वह निश्चय कर चुकी थी कि यदि पिता के रास्ते से हासिल किये गये पति से प्रेमी उन्नीस रहा तो वह पति के रूप में प्रेमी का ही वरण करेगी। हाँ, अब अगर बहुत ज़्यादा फ़ासला हुआ, तब की बात कुछ और है। तो इस प्रकार पिता जो इस बार एम. एल.ए. का टिकट पाने के लिए बेकरार थे, टिकट के साथ बेटी के लिए वर पाने की दिशा में भी सक्रिय थे और बेटी जी-जान से जुटी थी एक प्रेमी को खोजने और पाने के लिए।

बी.ए. में दीपा के विषय थे—अंग्रेज़ी, मध्यकालीन इतिहास और भूगोल। तो वह इन तीनों विभागों में, साथ ही कुछ अन्य विभागों में आने-जाने लगी। वह सहेलियों से मिलने जाती और लड़कों की टोह लेती। अब उम्र के इस दौर में मुँहासे आदि का खतरा तो नहीं था पर क्या ठीक कि क्या हो जाये? वह फूँक-फूँककर कदम रख रही थी। चौकन्नापन और चतुराई उसकी नस-नस में समा गये थे।

जब दिल में चाह हो तो राह निकल ही आती है। कर्म करने वाले का भाग्य ही साथ देता है। दीपा को प्यार हुआ जाकर जितेन्द्र से।

जितेन्द्र को प्यार के लिए सुपात्र पाने के कई कारण थे। मसलन उससे विवाह करते समय जाति-पाँति का कोई लफ़ड़ा नहीं होना था क्योंकि वह उसी की कास्ट का था। दूसरे, जितेन्द्र के घरवालों की दशा कुछ खास अच्छी नहीं, तो खास बुरी भी नहीं थी। तीसरे, वह ऐसा प्रखर बुद्धिजीवी था जो आई.ए.एस. की तैयारी भी कर रहा था। साथ ही कॉलेज के दिनों में बैडमिंटन का खिलाड़ी रह चुका था। वैसे आई.ए.एस. की दिशा में ही उसका भविष्य दुरुस्त दिखायी पड़ रहा था; क्योंकि पिछली और पहली बार ही इंटरव्यू तक पहुँच गया था। असफल होने पर उसने अपने भाग्य को कोसा था। और आगे के लिए पढ़ाई में जुट गया था। इस बार भी वह इंटरव्यू तक पहुँच गया था और उसमें सफल होने के लिए कमर कसकर भिड़ा हुआ था।

वह लम्बा था, गोरा था और घनी मूँछोंवाला था। कुल मिलाकर पहली नज़र

में वह दीपा के लिए फिटफाट था।

जबकि जितेन्द्र शुरू-शुरू में दीपा को अपने लिए फिटफाट नहीं पाता था, क्योंकि वह उसकी सुन्दरता की कसौटी पर खोटी थी। इसीलिए दीपा द्वारा संकेत देने पर भी वह विमुख रहा, पर बाद में उसने विचार बदला। थोड़ा-बहुत रोमांस इससे भी कर लेने में हर्ज क्या है? और वह शुरू हो गया। पर जब उसे पता चला कि दीपा इकलौती सन्तान है और पिता बहुत धनी, साथ ही राजनीति में भी उनके सितारे चमकने के आसार हैं, तो विचारों में आमूल-चूल परिवर्तन आ गया, वह सचमुच दीपा से प्यार करने लगा।

प्यार के बारे में जितेन्द्र की धारणा थी कि वह तभी सफल होता है जब प्रेमी प्रेमिका से श्रेष्ठ साबित हो जाये। लिहाजा दीपा को हीन सिद्ध करने के लिए उसने उसकी खामियों की खोजबीन शुरू की। उसकी पकड़ में दो सूत्र आये : लम्बाई और अंग्रेज़ी। सौभाग्य से जितेन्द्र की लम्बाई और अंग्रेज़ी दोनों ही प्रशंसनीय थीं। वह दीपा से रोज़ मिलता और रोज़ सलाह देता, अँग्रेज़ी बोलने की आदत डालो। वह यह कहने से भी बाज़ नहीं आता कि अगर तुम थोड़ी-सी लम्बी होतीं, तो हमारी जोड़ी कितनी जमती।

इस प्रसंग से दीपा पहले तो खिसियाई फिर क्रुद्ध हुई, यह घोड़ा तो कुछ ज़्यादा ही तेज़ दौड़ने लगा है। और उसे जितेन्द्र में कुछ खराबियाँ नज़र आने लगीं जैसे—उसकी मूँछ में एक स्थान पर कुछ ज़्यादा बाल हैं। उसके हाथ मुलायम नहीं हैं। फिर छोटे शहर से आया है, पता नहीं उच्च समाज के बारे में कुछ जानता-बूझता है या बस, ऐसे ही...। उसने एक दिन मुआयना किया। उसने जितेन्द्र से पूछा, "पॉप म्यूज़िक में माइकेल जैक्सन और जॉन्सन में किसकी क्या चीज़ अच्छी लगती है?" वह हड़बडाया, आई.ए.एस. की तैयारी के सिलसिले में इन दोनों का नाम वगैरह जान गया था पर बारीक विश्लेषण से अनभिज्ञ था वह, तभी फिर प्रहार हुआ, "और रॉक म्यूज़िक की दुनिया में ब्रूस स्प्रिंगसटीन के यहाँ तुम्हारा फेवरिट क्या है?" इसी तरह उससे जॉन ट्रेवाल्स और रोज़ी रोज़ के बारे में पूछा गया। जब वह असफल रहा तो उसका मज़ाक बनाया गया। उससे यहाँ तक पूछा गया कि राब लोवे और ब्रुक शील्ड्स में कौन स्त्री है, कौन पुरुष? अन्त में उससे कहा गया कि वह अभी सोसायटी की कल्चर को नहीं जानता इसीलिए इंटरव्यू में असफल रहा। वह स्तब्ध और कुंठित था।

दीपा मुस्कुराती हुई घर आ गयी। घर में पापा का राजनीतिक जमावड़ा इकट्ठा

था। दीपा इन खद्दरधारियों की बड़ी इज़्ज़त करती थी, क्योंकि उसका विश्वास था कि असली पावर इन्हीं लोगों के हाथ में होती है। सीनियर आई.ए.एस. तक को डाँट लगा देते हैं। वह आई.ए.एस. की तुलना में किसी हैंडसम मिनिस्टर से प्रेम करने को अधिक मान्यता देती लेकिन दिक्कत यह थी कि राजनीति में स्थिरता नहीं होती। आज इस कैबिनेट में कोई है, कल दूसरी कैबिनेट में नहीं है, आज पावर में है। कल अपोज़ीशन में। बाबा रे, यह बड़ा झंझटवाला काम है।

घर पहुँचकर वह बिस्तर पर गिर गयी और मुस्कुराने लगी। उसे बड़ा मज़ा आया था। होश ठिकाने आ गये होंगे मिस्टर के। उसकी आँखों के सामने जितेन्द्र का उदास और खिसियाया हुआ चेहरा था। पहले वह खुश हुई फिर उसका मन पसीज गया। उसे जितेन्द्र पर दया आ गयी और उसकी अनुपस्थिति में भी उसे पुचकारने लगी। उसने सोचा, 'आखिर इतना बुरा नहीं है। अगर वह जैक्सन और जान्सन के बारे में अपना ठोस मत नहीं बना पाया है, तो कोई बड़ी बात नहीं। यह सब तो वह दो महीनों में सीख लेगा। मैं ही सिखा दूँगी। असल चीज़ है, आई.ए.एस.। उस रास्ते पर फ़िलहाल वह ठीक जा रहा है, सो चलेगा।' उसने होंठ गोल कर लिये और सीटी बजाते हुए पैर हिलाने लगी; या पैर हिलाते हुए सीटी बजाने लगी। सीटी बजाती जा रही थी और जितेन्द्र के प्रति उसकी दया बढ़ती जा रही थी, बेचारा...।

उसने तय किया कि कल उसे पुचकार देगी। कल पुचकारने के लिए उसने उसी क्षण योजना बनानी शुरू कर दी। उसने विचार किया, कल कौन-सी ड्रेस पहननी है।

जब वह अगले दिन वही ड्रेस पहनकर जितेन्द्र को मनाने पहुँची तो उसे कोशिश बिलकुल नहीं करनी पड़ी। हुआ यह कि जितेन्द्र ने मान लिया था कि दीपा द्वारा ली गयी परीक्षा में वह अनुत्तीर्ण हो गया है। वह निश्चय कर चुका था कि बाज़ी उसके हाथ से निकल गयी है। वह दुखी था कि सोने की चिड़िया हाथ से फुर्र हो गयी। इसीलिए जब दीपा को अपने पास देखा और वह भी हल्का-हल्का मुस्कुराते हुए देखा, तो उसकी बाछें खिल गयीं। उसने कंठ को भावुक बनाते हुए कहा कि वह उसे प्यार करता है। बहुत ज़्यादा! उसने यह भी कहा कि अब वह मेहनत करके सब जान लेगा, और कि दीपा उसे माफ़ कर दे। दीपा ने उसका हाथ थपथपाकर कहा, "कोई बात नहीं!" वह खुश हुई कि अब यह उसे कद और अंग्रेज़ी की याद नहीं दिलायेगा। अब वह जीवन-भर दबकर रहेगा मुझसे। ऐसा

ही पति तो वह चाहती है। शायद ऐसे ही किसी दृश्य की कल्पना करने के कारण वह मुस्कुरा उठी।

जितेन्द्र ने पूछा, ''तुम मुस्कुरा क्यों रही हो?''

दीपा ने मुँह चिढ़ा दिया–''ऊँ...ऊँ,'' जैसे कक्षा आठ या नौ तक की लड़कियाँ चिढ़ाती हैं। वह खुश हो गया। उसे खुश देखकर दीपा ने पर्स से चॉकलेट निकाली, ''लो, खाओ।'' वह खाने लगा तो दीपा ने पूछा, ''इंटरव्यू के लिए तुम्हारी तैयारी कैसी चल रही है?''

''अच्छी चल रही है।''

''और अच्छी चलनी चाहिए।''

''ठीक है।''

''तुम आई.ए.एस. में आ जाओ, तो मैं पापा से तुम्हें मिलाऊँगी। हम शादी कर लेंगे।''

जितेन्द्र बुझे स्वर में बोला, ''और यदि न आया तो पापा से नहीं मिलाओगी?''

''नहीं आओगे तो भी तुम्हारे पास एक चांस और रहेगा।''

''उसमें भी न आया तो?''

''तुम इस तरह सोचोगे तो सचमुच नहीं आओगे। तुम यह सोचो कि तुम्हें हर-हालत में आई.ए.एस. ऑफ़िसर होना है। होना ही है। समझे?''

वह निरुत्तर हो गया। वह थोड़ी देर चुप रहा, फिर बोला, ''शादी के बाद दो महीने कुछ नहीं करेंगे। हम बस इंडिया घूमेंगे।''

''ठीक है।''

''पर तुरन्त हमारे पास पैसे कहाँ से होंगे इतने?''

''तुम इसकी चिन्ता मत करो, पापा किसलिए हैं?''

''अच्छा तुम्हारे पापा के पास क्या बहुत पैसा है?'' वह चौकन्ना हो गया।

''और नहीं तो क्या?''

''कितना होगा?'' वह सतर्क होकर बोला।

''तुम बतलाओ, कितना होगा'' उसके होंठ वक्र हो गये।

''चालीस-पैंतालिस लाख?''

''बस? इतना ही?''

'बस्स' सुनकर जितेन्द्र की प्रसन्नता से छाती फूल गयी। उसने कहा, ''देखो दीपा, हमें शादी तो कर ही लेनी चाहिए। शादी के बाद आई.ए.एस. की तैयारी

के लिए मुझे और अधिक शक्ति मिलेगी। तुम मेरी शक्ति हो दीपा।'' दीपा ने मन में कहा, 'अपने को बहुत चालू बनते हो बच्चू।' लेकिन ऊपर से वह बोली, ''अभी शादी न ब्याह। अभी तुम्हें बस एक चीज़ देखनी चाहिए आई.ए.एस.।''

वह समझ गया, दाल नहीं गलने वाली। वह दुखी हो गया लेकिन उसने ठान ली कि जैसे भी हो, विपिन सिंह एडवोकेट की समस्त धन-दौलत को हड़पना है। आई.ए.एस में आ गया तो वाह-वाह, नहीं, तो भी चाहे जिस तरीके से, सब कुछ पा लेना है। लेकिन पाने का एक ही चारा था कि दीपा से विवाह हो जाये। पर यह मछली पानी से बाहर झाँकने तक का नाम नहीं ले रही थी। अगर वह आई.ए.एस. में न आया, तो? या इसी बीच वह किसी आई.ए.एस. ऑफ़िसर से ही पट जाये, तो? उसे पसीना आ गया।

वह इठलाती हुई दीपा को जाते हुए सूनी आँखों से देखता रहा। जब वह ओझल हुई तो उसमें आत्मविश्वास का संचार हुआ उसने अपनी आत्मा से कहा, 'मुझे अपनी बुद्धि पर भरोसा है, मैं कल से ही ऐसा दाँव-पेंच खेलूँगा कि आई.ए.एस. में आऊँ या न आऊँ, दीपा को शादी करनी ही पड़ेगी।' तो इसके लिए क्या किया जाये? उसे दो उपाय कौंधे, एक : अपने प्रेम की चर्चा को जगह-जगह फैला दिया जाये यानी कि अपने साथ दीपा के नाम को इतना बदनाम कर दिया जाये कि उसके पास शादी कर लेने के सिवा कोई सूरत बचे ही न। दो : दीपा से शारीरिक सम्बन्ध कायम कर लिया जाये और इस बात के सबूत भी सहेज लिए जायें। वह हँसा, तब तो उसके सम्मुख और कोई रास्ता ही नहीं होगा।

अगले दिन से ही वह अपने अभियान में जुट गया। उसने कुछ सत्य, कुछ कल्पना का सहारा लिया। कुछ खुद, कुछ दोस्तों को सक्रिय किया। नतीजतन विश्वविद्यालय से लेकर शौचालय तक में जितेन्द्र-दीपा की जोड़ी मशहूर होने लगी। कुल मिलाकर जितेन्द्र ने जनजीवन को यह विश्वास दिला दिया था कि वह और दीपा शादी होने से पहले शादीशुदा हैं।

जनजीवन और राजनीतिज्ञ का सम्बन्ध पानी और काई का होता है। इसलिए चर्चा उड़ते-उड़ते विपिन सिंह एडवोकेट के पास पहुँची, तो उन पर वज्रपात हुआ। क्योंकि वह इस हिकमत में थे कि दीपा की शादी किसी तरह पार्टी के प्रदेश अध्यक्ष के भतीजे से हो, ताकि टिकट मिलने की उम्मीद और बढ़ जाये। इस जुगत के लिए वह काफ़ी मशक्कत भी कर रहे थे। आशा थी कि अध्यक्ष जी के भतीजे से दीपा की बात पक्की हो जायेगी।

लेकिन वह यह क्या सुन रहे हैं? उनकी बेटी ने यह क्या लफड़ा कर डाला? उन्होंने पत्नी से राय-बात की तो उन्होंने कहा, "ठीक तो है, अपनी जात है। घर-दुआर बढ़िया है। कर दो ब्याह।" अब वह कैसे समझायें पत्नी को? यह तो निपट गँवार है। उन्होंने सीधे बेटी से बात करना मुनासिब समझा। वह बात करने के लिए उठकर जाने लगे कि कुछ छुटभैया नेता आ गये दरबार में। लेकिन उन्होंने उनसे बैठने को कहा और भीतर आ गये। वह हर हालत में बेटी से मामला रफ़ा-दफ़ा कर लेना चाहते थे।

बेटी ने सुना तो आँखें चमक गयीं, हमारे चल रहे प्रेम में विद्रोह नहीं था। अब उसे भी होने का अवसर मिल गया है। वह विद्रोह कर बैठी, "पापा, मैं शादी करूँगी तो जितेन्द्र से ही करूँगी।" वह थोड़ा डरी भी, अगर आई.ए.एस. में नहीं आया तो? खैर, उसने मोर्चा ले ही लिया था। उसने पाया, अभी जो कुछ पापा से कहा है बड़ी बहादुरी की बात है। अतः वह बड़ी वीर है। वह इसलिए भी अध्यक्ष के भतीजे से विवाह के खिलाफ़ थी कि उसे एक बार पापा के पास देखा था। उसके बाल उड़ गये थे और तोंद निकल आयी थी। वह हंड्रेड परसेंट भोंदू लगा था। कहने का मतलब जो भी हो, उसने विद्रोह कर दिया था और उसे बड़ा मज़ा आ रहा था। वह इन दिनों अपने आपको किसी प्रेम कहानी वाली बम्बइया फ़िल्म की हीरोइन समझ रही थी। वह मस्त थी कि उसका प्रेम सार्थक हो गया। पर वह चैतन्य भी थी कि जितेन्द्र को विद्रोह के इस प्रसंग की हवा बिलकुल न लगने पाये क्योंकि खुदा न खास्ता वह आई.ए.एस. में न आया तो?

जितेन्द्र था कि प्रेम को प्रचारित करने के सफल अभियान के बाद शारीरिक सम्पर्क की मुहिम में प्रयत्नशील था। वह इस परिणाम से भी सन्तुष्ट था कि प्रेम-सम्बन्ध के जगह-जगह खुल जाने का दीपा ने बुरा नहीं माना, बल्कि वह मगन थी कि उसका कितना नाम हो रहा था। वह कहती, "तेरे-मेरे प्यार के चर्चे हर जुबान पर।" पर दूसरे मोर्चे पर बेड़ा पार नहीं हो रहा था। वह शारीरिक सम्बन्ध के मसले पर खटाई की तरह रूखी होकर अकड़ जाती थी। आध्यात्मिक प्रवचन करने लगती। कहती, "प्यार तो दो आत्माओं का मिलन होता है। बस्स।" इस 'बस्स' से वह निढाल हो जाता।

जैसे-जैसे इंटरव्यू की तिथि आती जा रही थी, दीपा की उत्सुकता और जितेन्द्र की असहायता बढ़ती जा रही थी। वह अब उन्नीस घंटे पढ़ रहा था। वह दृढ़ प्रतिज्ञ था कि इस बार आई.ए.एस. में आना है और दीपा को पाना है और विपिन सिंह

एडवोकेट का घर-जमाई बनना है। वह उन्नीस घंटे पढ़ रहा था और भविष्य में इक्कीस घंटे तक पहुँचने के मंसूबे से लैस था। उसकी आँखें लाल रहतीं। वह सोता नहीं था और यदि सोता था तो दो तरह के सपने देखता। एक देखता कि वह ऐसा आई.ए.एस. है जो पोस्टिंग के पहले ही करोड़पति हो गया है। दोस्त आते हैं, तो वह पूछता है, "आप किस देश की व्हिस्की लेंगे?" दूसरा स्वप्न वह देखता है कि अखबार में उसका नाम नहीं है और दीपा ने हँसकर उस पर थूक दिया है। वह थूक को पोंछते हुए जग जाता और बिजली जलाकर पढ़ने लगता है। वह साधु हो गया था। घनघोर तपस्या करके स्वर्ग की मंज़िल तक पहुँचना चाहता था।

विपिन सिंह एडवोकेट भी बेचैन और परेशान थे। प्रत्याशियों की सूची जारी होने वाली थी। पता नहीं क्या होगा? अगर पार्टी अध्यक्ष के भतीजे से बेटी का रिश्ता हो गया होता, तो टिकट पक्का था। वैसे उम्मीद कम नहीं। जितनी ताल-तिकड़म हो सकती थी, हो गयी, अब फ़ैसला भगवान के हाथ में। सभी की तरह विपिन सिंह को भी उम्मीद थी कि वह टिकट पाने के प्रबल दावेदार हैं। फिर भी उनमें रह-रहकर जितेन्द्र के लिए क्रोध का ज्वालामुखी फूट पड़ता था। यह कमीना न जन्मा होता तो जो थोड़ी बहुत शंका है टिकट को लेकर, वह भी न रहती। पर धन्य है बेटी। धन्य है यह जितेन्द्र।

दीपा साँस रोककर सब देख-परख रही थी। उसने जितेन्द्र से मिलना-जुलना कम कर दिया था। कम क्या, लगभग बन्द। कारण बताया था कि मिलने पर पढ़ाई से उसका ध्यान बँटेगा, लेकिन असल में इसलिए कन्नी काट रही थी कि वह आई.ए.एस. में नाकामयाब हो तो छिटककर दूर हो जाने में मुश्किलों का सामना न करना पड़े।

इन दिनों वह पछतावे में थी। पछता रही थी और अपने दिमाग को कोस रही थी कि उसी एक से क्यों प्यार किया? माना कि प्यार एक से किया जाता है, पर अन्य दो-चार लोगों से रब्त-जब्त तो बना सकती थी। निरी बुद्धू की बुद्धू रह गयी। ऐसा होता, तो आज कितनी निश्चिन्त होती! यह आई.ए.एस. में नहीं आया तो वह सही। वह नहीं आया, वह सही...। पर अब तो इसी पर फिलहाल सब्र करना था। वह भय से सिहर जाती, अगर नहीं आया इंटरव्यू में, तो फिर नये सिरे से किसी से अफेयर चलाना पड़ेगा! ओफ़।

उसने निश्चय किया, ऐसी स्थिति में वह इकलौता प्यार नहीं करेगी। उसे

पापा पर गुस्सा आ रहा था कि अपनी राजनीति में इस कदर डूब गये हैं कि बेटी की कोई फिक्र नहीं। एक बात चलायी भी तो उस भोंदू से। पर यदि पापा को टिकट मिल गया तो? पापा मिनिस्टर हो गये तो? पापा के डिपार्टमेन्ट में भी तो कुँवारे आई.ए.एस. होंगे, पर मिनिस्टर बनने में तो बड़ा टाइम लगता है, तब तक तो अपन का नहीं चल पायेगा। वह घबराहट और उदासी से भर जाती, फिर सोचती, बेमतलब परेशान हो रही है, अरे यह अपना जितेन्द्र ही आ जायेगा, यही हो जायेगा आई.ए.एस.। जितेन्द्र उसे बहुत प्यारा लगने लगता। कितना तो लम्बा है वह, हाउ हैंडसम! वह ईश्वर से प्रार्थना करती कि जितेन्द्र को सफलता दे।

जितेन्द्र ने अपने को पढ़ाई के कोल्हू में पूरी तरह जोत दिया था। वह जुता हुआ था। आहिस्ता-आहिस्ता इंटरव्यू की तिथि हाज़िर हो गयी। अधिकारी होने की अभिलाषा और ससुराल की सम्पन्नता ने उससे इंटरव्यू में धड़ाधड़ सटीक जवाब दिलवाये। इंटरव्यू देने के बाद वह जैसे निश्चिन्त-सा हो गया था लेकिन अनहोनी भी हो सकती है, यह सोचकर अगले चांस की तैयारी भी उसने शुरू कर दी। दीपा ने पापा से मिलवाने की बात पर कहा था कि यह चांस नहीं, तो अगला चांस। हालाँकि उसकी धारणा थी कि अगली बार की फ़ज़ीहत में नहीं पड़ेगा इसलिए तैयारी करते हुए भी, मूलतः वह इन्तज़ार कर रहा था।

वे सब इन्तज़ार में थे। जितेन्द्र इंटरव्यू देकर परिणाम की बाट जोह रहा था। देख रहा था, आई.ए.एस. और पति एक साथ हो गया है। इस बात से फूल रहा था कि नौकरी और ससुराल दोनों से धन बटोर रहा था। अब उसे चिन्ता होनी शुरू हो गयी थी कि पत्नी उतनी सुन्दर नहीं है। पर वह चिन्ताओं को झटककर निश्चिन्त हो जाता कि सुन्दरियों की क्या कमी होगी उसे! राग-रंग की नौका पर सवार होकर आनन्द के पानी में सैर कर रहा था वह। सचमुच उसका इंटरव्यू अच्छा हुआ था। पर कितना भी अच्छा हो, धुकधुकी की एक अविराम घड़ी उसके भीतर डोल रही थी। वह परेशान और प्रसन्न एक साथ था।

विपिन सिंह ने भी उम्मीदवार सूची की घोषणा के लिए पलक पावड़े बिछा रखे थे। वह विधायक, विधायक से मन्त्री और फैक्टरियों के मालिक होने के स्वप्नदर्शी हो गये थे। खयालों का स्वेटर बुनते हुए देख रहे थे कि अपनी रखैल को एक मकान खरीदकर चाबी उसके हाथ में दे दी। वह सोचते, 'बीवी के बाल कटाकर कार चलाना सिखायेंगे। मौजूदा कार वही चलायेगी। अपने लिए गाड़ियाँ तो सरकारी होंगी।' उन्होंने तय कर लिया था कि बेटी को राजनीति में उतारकर विरासत की

वैतरणी पार लगायेंगे। शादी का क्या है, आई.ए.एस. से करेगी तो कौन बुरा है। इस बात से उन्हें बेटी पर प्यार आया और सोचने लगे—जुगत करके उसकी शादी में पूरा प्रदेश मन्त्रिमंडल जुटा देंगे। वह सुख के समन्दर में गोताखोरी करते जा रहे थे। करते जा रहे थे...

बेटी थी, तो वह भी उत्तेजित। जितेन्द्र ने बताया था, इंटरव्यू खासा ठीक हुआ है। सो उसने अभी से अपना नामकरण मेमसाब कर डाला था। वह खुश होती यह सोच-सोचकर कि सालों हो जायेंगे, कोई उसका नाम नहीं पुकारेगा। जिधर देखो, उधर 'मेमसाब' की धूम। अभी माली को डाँट रही है, अभी ड्राइवर को। इस पर गुस्सा हुई, उसको फटकारा। यहाँ वाद-विवाद प्रतियोगिता की निर्णायक है, तो वहाँ टूर्नामेंट में इनाम बाँट रही है। कहीं उद्घाटन कर रही है तो कहीं समापन। वह मुस्कुराती, एक-से-एक लम्बी औरतें उसकी चापलूसी कर रही हैं। वह उन पर बिगड़ रही है, झिड़क रही है कि चापलूसी क्यों करती हैं, पर लम्बी-लम्बी औरतें हैं कि चमचागिरी से बाज़ नहीं आतीं। क्या मज़े की बात है! पापा मिनिस्टर और जितेन्द्र ब्यूरोक्रेट दी ग्रेट। नहीं, वह जितेन्द्र नहीं, जीतू बोलेगी। पर अपना यह जीतू फेल हो गया तो? डरकर उसकी आत्मा कुड़-कुड़ करने लगती। वह रोज़ ईश्वर का नाम लेकर अखबार खोलती, मुमकिन है कि रिज़ल्ट आया हो और उसमें उसके जीतू का नाम हो।

उस दिन अखबार खुला, तो आई.ए.एस. का नहीं, पापा का रिज़ल्ट था। उम्मीदवारों की अन्तिम सूची। विपिन सिंह का पत्ता कटकर निर्जन में उड़ रहा था।

वह सन्न हुई और पापा के पास पहुँची। पापा कल से ही कमरे में बन्द थे। कोई भी हो, भीतर आने से रोका था। पर दीपा थी तो दीपा, उसकी पुकार पर दरवाज़ा खुल गया। उनका चेहरा फूला था और आँखें लाल। दुख और अपमान की ज़्यादा खुराक ने उनमें सूजन ला दी थी। बेटी को देखकर इतने कातर हुए कि फफक-फफककर रो पड़े।

दीपा ने कहा, "रोते नहीं, पापा, रोते नहीं, हौसला रखते हैं?"

वह बेटी के प्रति उदार हो गये। मुँह से निकला कि वह तैयार हैं, जितेन्द्र से उसकी शादी के लिए।

दीपा पहले तो घबरायी, पापा की तरह ही जीतू का भी रिज़ल्ट हुआ तो? फिर सँभल-सँभल कर बोली, "पापा, यह ऐसी बातों का वक्त नहीं। इस समय तो हम आपके चेहरे पर स्माइल देखना चाहते हैं। हँसो पापा। पाप्पाऽऽऽ।"

विपिन सिंह बरबस मुस्कुरा उठे, तब उसने सोचा, 'चलो तुरन्त तो यह शादी वाली बला टली। जब तक पापा फिर पूछेंगे, जीतू का रिज़ल्ट आ जायेगा। देखो, क्या रहता है उसमें! पास या फेल। उसका दिल धड़-धड़ करने लगा।

एक दिन पापा ने फिर कहा, "जितेन्द्र से तुम शादी कर सकती हो। कब करोगी?" सुनकर दीपा फूट-फूटकर रोने लगी। वह घबराये, "क्या हुआ...क्या हुआ?" दीपा परेशान, कैसे कहे कि जीतू आई.ए.एस. में नहीं आया, इसलिए नहीं करेगी शादी। रिज़ल्ट की याद से वह अधिक ज़ोर से रोने लगी। पापा और घबराये, "क्या हुआ ...क्या हुआ?"

माँ भी आ गयीं, "काहे को रोती है...काहे को रोती है?"

दीपा को लगा, वह व्यूह में फँस गयी है। सवालों के तीरों से घिरी है और रास्ता अनजान। तभी वह चौंकी, चमकी और मुस्कुरायी। एक जवाब सूझ गया था। बोली, "पापा, मैं एम.फिल. करने के बाद करूँगी मैरिज।"

पापा बोले, "धत्तेरे की! बस इतनी-सी बात!"

मम्मी बोलीं, "हाँ-हाँ...और थोड़ी घोड़ी हो जा।" वह भुनभुनाती हुई वहाँ से खिसक गयीं। पापा भी चले गये। उन्हें रखैल के पास जाना था।

अकेली रह गयी। उसे जितेन्द्र में खोट-ही-खोट नज़र आये : चुप रहने पर कभी-कभी उसका मुँह खुला रहता है। कपड़े तो जाने कैसे पहनता है। कितना खराब कलरसेंस है उसका। आँखों के नीचे की हड्डी कितनी चौड़ी है। टाई नहीं लगाता, तभी तो आया नहीं इंटरव्यू में। कुछ ज़्यादा ही लम्बा है। चलता किस तरह है, चप्पल घसीटते हुए। अंग्रेज़ी अच्छी है, चलो मान लिया, पर उच्चारण? पब्लिक स्कूल के लड़कों वाली बात! थैंक्स गॉड, चलो अच्छा हुआ, बचा ली तुमने मेरी लाइफ़! चौपट होने से। दो ही नम्बर से सही आया तो नहीं आई.ए.एस. में। पर अगली बार आ गया तो? उसे लगा, जितेन्द्र के साथ नाइन्साफ़ी कर रही है। इतना बुरा नहीं, जितना वह समझ रही है।

उसने योजना बनायी, जितेन्द्र को प्यार के झूले पर मद्धिम झुलाती रहेगी। अंग्रेज़ी, मध्यकालीन इतिहास और भूगोल के विभागों में जाकर प्रतिभावानों को चॉकलेट, टॉफी खिलायेगी। उनमें से कई से एक साथ चक्कर चलायेगी। पार्टियों में जाना ज़्यादा होगा, यहाँ कुँवारे आई.ए.एस. को खोजेगी और पटायेगी, पटाकर

ही दम लेगी। फ्रेंड की मार्फ़त पापा से कहलायेगी, इस बार के आई.ए.एस. की लिस्ट देखें और अपुन के लिए ट्राई मारें। आखिर पापा की प्रापर्टी भी कोई चीज़ है।

उसने निर्णय लिया कि देर ठीक नहीं, जुट जाना है पक्के इरादे से। कल से, मंडे से। कितना अच्छा दिन है! मंडे को फ़ास्ट भी तो है उसका। उसे दृढ़ विश्वास था कि आई.ए.एस. से मुहब्बत की क्रिकेट में शिवजी और पापा नाम के अम्पायर उसकी सेंचुरी ज़रूर बनवायेंगे।

अगले दिन जब जितेन्द्र से मिलकर प्रेम से बोली, तो वह चकित हुआ। विस्फारित-सा बस देखता रहा दीपा को। उसे लगा, पाँचों उँगलियाँ घी में हैं।

उसने पाया कि गुंजाइश अभी है और मगन हो गया। मन-ही-मन कहा, 'शादी हो जाने दो, तब गिन-गिनकर बदला लूँगा। ऐसा रुलाऊँगा, ऐसा रुलाऊँगा कि...' उसकी इच्छा हुई कि ठहाका लगाकर हँसे।

बायोडाटा

नवम्बर में न अधिक सर्दी रहती है, न अधिक गर्मी। गाँवों में गन्ना, गंजी, मटर का नाश्ता शुरू हो जाता है। सब्ज़ियाँ अपेक्षाकृत सस्ती और सुलभ रहती हैं। बिना चाकू की मदद से छिल जानेवाले गोल आलू चलन में आ जाते हैं। इतना ही नहीं, रात में पेशाब करने के लिए खुले में निकलने पर जगत विराट और रहस्यमय लगने लगता है।

इसी स्वस्थ मौसम में राजदेव ने सावित्री की माँग में सिन्दूर डालकर वधू बनाया था। उस क्षण वह असीम भावुकता, उदात्तता और आस्तिकता से ओतप्रोत था। उसे यकीन हो गया था, राजनीति में लगातार ढुनमुनिया खा रही उसकी किस्मत अब पलटकर सरपट धावक हो जायेगी। वह खुश था, "अभी तक मेरे पास अपना डगमगाता भाग्य था पर अब सावित्री का होनहार मुकद्दर भी होगा।" वह गुनगुनाया था, "हम दो नावों के पथिक एक हुए।" और अपना ब्राउन कलर का जूता कसने लगा था...।

लेकिन इस वक्त वह खिन्न और परेशान था। वह स्वयं पर झुंझला रहा था कि आखिर उसने क्यों सावित्री को मैके भेजा।

थोड़ी देर पहले तक वह प्रसन्नता से गद्‌गद था, जबकि अब खिन्न और परेशान था। बात यह थी कि स्टेट की पॉलिटिक्स उसे पुकार रही थी लेकिन जेब में पड़ा सावित्री का पत्र दिमाग में बार-बार टनक जाता था। वह तल्खी से ऐंठा, "मेरी बीवीजी ने पत्र लिखा है। बड़ी आयीं पत्र लिखनेवाली!"

सावित्री ने मैके से जो पत्र लिखा था, उसका मुख्य अंश था : 'प्राणप्यारे! अब आपके पापा बनने का समय बहुत नज़दीक है पर क्या कहूँ मेरी तबियत खराब हो गयी है। कैसे ठीक रहे, वह तो हमेशा आप पर लगी रहती है। मैं विनती

करती हूँ...हाथ जोड़ती हूँ...पाँव पड़ती हूँ कि जल्द-से-जल्द आ जाइये...। डॉक्टर और बुजुर्ग जिस तरह मुँह बनाते हैं उन्हें देखकर मुझे डर लग रहा है कि कुछ भारी गड़बड़ है। सो आप आइये ज़रूर। मेरी हार्दिक इच्छा है कि हमारी औलाद सबसे पहले अपने पिता अर्थात् आपको देखे। तो आपको मेरी कसम—अपनी प्राणप्यारी की कसम—आइये ज़रूर। दर्शनाभिलासिनी—आपकी सेविका—सावित्री।'

राजदेव ने चलते-चलते एक सुनसान में पत्र निकाला। उस पर घूँसा मारते हुए बड़बड़ाया, "यह पत्र है या कवित्त?" अचानक वह इस तरह चुप हो गया, जैसे अभी कुछ बोला ही नहीं था। दरअसल वह सावित्री और मोती सिंह के द्वन्द्व को सुलझाने की तरकीब निकालने में दत्तचित्त हो गया था।

मोती सिंह सत्ता पार्टी की युवा शाखा के अभी-अभी प्रदेश अध्यक्ष मनोनीत हुए थे। गृह जनपद में उनके चार शागिर्द थे। एक उनके अध्यक्ष बनने के पहले ही प्रतिद्वन्द्वी गुट में जाकर पछताने का काम कर रहा था। दो क्षत्रिय थे। मोती सिंह का दृढ़ मत था, "राजनीति में बिरादरी के लोगों को आगे बढ़ाना अपने को ही बाँस करना है।" अतः उनकी दृष्टि चौथे शागिर्द राजदेव पर टिकी। राजदेव ने उनको "कृपालु" कहा और स्वीकार किया, "मेरा भाग्य कमल आपके वरदहस्त से खिलनेवाला है।"

"भक्साले," मोती सिंह भड़क गये, "अबे तुम्हारा भाग्य कमल की तरह है?"

"नाहीं, कदापि नहीं अध्यक्षजी। वह कीचड़ है, शुद्ध कीचड़। माफ़ कर दें।"

राजदेव गिड़गिड़ाया तो मोती सिंह बोले, "ज़्यादा डायलॉगबाजी न झाड़ो। जाओ कुछ माल-पानी का जुगाड़ फिट करो। दिल्ली में हफ़्ता-दस दिन रहना पड़ेगा। साम-दाम-दंड-भेद से सबकी लेंड़ी तर करनी होगी। तब ठुकेगी तुम्हारी प्रदेश सचिवल्ली की नियुक्ति पर पक्की मुहर।"

उसके सामने विकराल समस्या मुँह बाये खड़ी थी कि माल-पानी का जुगाड़ कैसे हो। उसने निश्चय किया कि वह माँ-भाभी के गहने चुरा लेगा, फिर खँखारकर कहेगा, "अगर कोतवाल ने हफ्ते-भर में चोर न पकड़ा तो बोरिया-बिस्तर बँधवा दूँगा बच्चू का।" लेकिन इस उपाय को उसने भविष्य के लिए सुरक्षित रखा, क्योंकि कहीं से कुछ रुपए चपेट में आ गये थे...

...जेब में पड़े सावित्री के पत्र ने अँगड़ाई ली और वह झुलसकर राख हो गया। हालाँकि वह सावित्री के स्वास्थ्य और सन्तान-जन्म की अवहेलना करने में निपुण था, लेकिन दो झंझटें उसे उलझन में डाल देती थीं। एक—बचा-खुचा नैतिक बोध

उसे चित्त कर देता कि सावित्री की चिट्ठी पाने के बाद भी दिल्ली जाना नीचता होगी। दो—राजनीति में सब एक-दूसरे के दुश्मन होते हैं। कुत्ते की तरह पोल-पट्टी सूँघने के लिए मारे-मारे फिरते हैं। अब सावित्री या बच्चे या दोनों को खुदा न खास्ता कुछ हो जाये और वह दिल्ली में रहे, तो इसे हमारे खिलाफ़ हथियार बना लेंगे भाई साहब लोग और कहीं यह लेटर हाथ पड़ जाये...उसका हाथ जेब में चला गया। जेब में जाकर वह थरथराने लगा। वह पत्र को मसलता रहा...मसलता रहा ...अचानक उसे झटके से बाहर निकाला। सड़क के किनारे आया। उसकी चिन्दी-चिन्दी की। ढलान पर फेंका और बिखरे हुए उन कागज़ के टुकड़ों पर मूतने लगा।

मूत लेने के बाद वह इस तरह प्रफुल्ल हुआ, जैसे उसने पेशाब नहीं, अपनी साँसत विसर्जित की है। नामालूम ऐसा था अथवा नहीं, पर यह ज़रूर था कि एक तरकीब सूझ गयी थी—अनोखी और बुद्धिमत्ता से भरी-पूरी। उसने तय किया था कि घर पहुँचकर सावित्री को पत्र लिखेगा, जिसका मजमून होगा—'दुनिया में सबसे प्यारी और न्यारी मेरी सावित्री। इतने दिन हो गये, तुम्हारा कोई हाल-चाल नहीं मिला। कम-से-कम पन्द्रह पैसे का एक पोस्टकार्ड ही डाल देतीं। आखिर मेरे किस कसूर की सज़ा दे रही हो तुम? मैं बेकरार हूँ तुम्हारी सुन्दर-सुन्दर मोती जैसी लिखावट देखने को। हमारे होनेवाले 'उसका' खयाल रखना। अपना तो रखना ही। दिन-रात तुम्हारी याद सताया करती है...।'

वह मुस्कुराया। उसने सावित्री को एक ठेठ गाली दी और हँसने लगा। उसके दाँत चमक रहे थे। हालाँकि न वह काला था और न ही इस समय रात थी पर लगता था, जैसे घनी रात में किसी काले चेहरे के दाँत चमक रहे थे...

वह इन दिनों अक्सर अपनी छत्तीस की उम्र को कोसता था, जिसमें वह विवाहित हुआ था। दरअसल उसने बाईस की उम्र में प्रतिज्ञा की थी, ''शादी तभी करूँगा, जब राजनीति में कुछ कर गुज़रूँगा यानी कि कुछ नहीं तो जिला स्तर का कोई पद प्राप्त कर लूँगा।''

लेकिन वह पैंतीस वर्ष का हो चुका था और पदहीन था। स्थिति यह हो चुकी थी कि फ़र्क करना मुश्किल हो गया था कि वह पद राजनीति के लिए चाहता है अथवा विवाह हेतु। वस्तुतः उसके जीवन में विवाह और राजनीति की विभाजक रेखाएँ धुँधली होकर आपस में गड्डमड्ड करने लगी थीं।

कई बार दिमाग में आया कि झूठ-मूठ में घोषणा कर दे : 'दुर्गा माँ ने, मुझे सपने में दर्शन दिया और कहा कि रे राजदेव! तू हमारी बेटियों का अनादर कर

रहा है। जा, जब तू मेरी किसी बेटी से ब्याह करेगा, तभी 'राजनीति में सफलता पायेगा।' पर अन्ततः उसे यह योजना सटीक नहीं लगी। एक-से-एक घाघ साले इस फील्ड में हैं। तुरन्त भाँप जायेंगे और मज़ाक बनायेंगे। अजीब दशा थी अभागे राजदेव मिश्र की। कुँवारा था, क्या हुआ, प्रेम एवं वासना की बिलकुल निर्धनता नहीं थी। इन निधियों से ठसाठस था वह। लेकिन शरीर पर नेता का बाना था और आत्मा में राजनीतिक तरक्की की दरकार। नतीजतन वह अपनी प्रेम एवं वासना की सम्पदा का विनिमय करने में असमर्थ था। कितनी कारुणिक दशा थी! वह अभी तक मुहब्बत से बेदखल था। महज एक बार थोड़े से वक्त के लिए कुछ इन्तज़ाम हुआ था। मगर वह रेल मद्धिम-मद्धिम चल रही थी कि ऐसा पटरा हुआ कि ज़िन्दगी की दिशा बदल गयी।

हुआ यह था, वह उम्र के बाइसवें जाड़े में था तभी भाई की शादी हो गयी। शादी बड़े भाई की हुई लेकिन जीवन राजदेव का बदल गया था। वह पालतू कुत्ते की तरह भाभी के पीछे-पीछे लगा रहता था। उनका छोटा-मोटा कार्य करके उसका हृदय अनुपम तृप्ति से भर उठता और वह गर्व का अनुभव करने लगता था। भाभी भी अपने इस पिछलग्गू देवर का विशेष ध्यान रखती थीं। उसके कपड़े साफ़ कर देती थीं और हौके-मौके दो-चार रुपयों की बख्शीश पकड़ा देतीं। इतना ही नहीं, बात-बेबात वे उसे देखकर मुस्कुरा भी देतीं। उसे लगा, भाभी उस पर फ़िदा हैं और एक दिन भाई के ऑफ़िस जाते ही भाभी की गोद में लुढ़क पड़ा।

"ये क्या हरकत है?" भाभी आगबबूला।

वह बहाना पेश करने लगा, "मेरे सिर में जुआँ पड़ा है, खोज दो।"

"जब तुम्हारी मेहरी आ जायेगी तो उसी से जुआँ-चीलर खोजवाना।" भाभी ने घृणा से कहा और ऐसा धक्का दिया कि राजदेव मिश्र ढहकर नीचे आ गया।

उसी शाम पिता उसे लाठी से मार रहे थे। वे मारते और कहते, "और जुआँ निकलवाओगे सरऊ?"

इस हादसे ने राजदेव को छिछोरपन की दुनिया से खींच आत्मालोचन की प्रक्रिया में डाल दिया था। उसके सम्मुख लांछना के शूल तीर, तलवार थे, जबकि वह बेबस और निहत्था था। उसने खुद को मर्माहत अनुभव किया और सुबकने लगा। आँसू थमे तो वह नूतन राजदेव था। उसे दिव्य ज्ञान हो गया था कि इस अपमान की भरपाई तभी हो सकती है जब वह कुछ बनकर दिखा दे लोगों को। उसने तय किया, वह कुछ बनकर दिखायेगा और परिवारवालों के गाल पर उल्टा

झापड़ मारेगा। क्या बनना है, इसके बारे में उसके विचार स्पष्ट थे। वह दृढ़प्रतिज्ञ था कि उसे नेतागीरी करनी है क्योंकि उसने जान लिया था कि सुख की सर्वोत्तम मलाई राजनीति के दूध में पड़ती है। पहुँचे हुए नेता हो, तो चोरी कराओ, स्मगलिंग कराओ, कत्ल कराओ—कोई बाल-बाँका नहीं कर सकता। बलात्कार करो, रंडीबाज़ी करो, प्यार करो या वासना, दारू पियो, कानून की ऐसी-तैसी कर दो, कोई खौफ़ नहीं। पुलिस, पी.एस.सी. हो, हाकिम-हुक्काम हों, डाकू-बदमाश हों—सब हाथ जोड़े मिलेंगे। ईश्वर की अनुकम्पा से माल-पानी की कमी नहीं। इंजीनियर वग़ैरह का ट्रांसफ़र करा दो तो चाँदी। रुकवाओ, तो चाँदी। चुनाव का पैसा है, उसमें खसोट लो। सूखा-बाढ़ का पैसा है, उसे हड़प लो। यहाँ भौजाई से जुआँ खोजवाने में लात खानी पड़ी, वहाँ सैकड़ों हसीनाएँ हासिल हो जायें। चाहे जितने गुलछर्रे उड़ाओ, कोई चूँ-चपड़ करनेवाला नहीं है। ऊपर से फ़ायदा कि पब्लिक में दबदबा भी। हमेशा जय-जयकार होती रहे। काम कुछ खास नहीं। बस, कुर्ता-पाजामा पहन लो और मौका पड़ने पर भाषण झाड़ दो।

वह कल्पना में भाषण करने लगा, "भाइयो और बहनो! सज्जनो और देवियो..." कल्पना में ही उसने पाया कि भाई घूस लेते पकड़ लिया गया और हवालात में बन्द है। भाभी हाथ जोड़कर गिड़गिड़ा रही है, "मेरे नेता देवर! छुड़ा लो मेरे पति अर्थात् अपने भइया को।" भाभी उस पर लुढ़की आ रही हैं... लुढ़की आ रही हैं। उसने झिटक दिया, "हम पर न लुढ़को। हमारे सिर में जुआँ और बदन में चीलर है।" भाभी गयीं और पिता आ गये। उन्होंने उससे मिलने के लिए पर्ची पर अपना नाम लिखकर भेजा। उसने नौकर से कहा, "जाओ, कह दो कि अभी मैं जुआँ निकलवा रहा हूँ। मेरे पास फुर्सत नहीं है। तीन दिन बाद आयें तो मिलने पर विचार करूँगा।" भाई को तो उसने पहचानने तक से इनकार कर दिया।

वह शनैः-शनैः कुर्ता पहन रहा था। शनैः-शनैः पाजामा पहन रहा था। वह जेबदार बनियान पहनना भूल गया था, कुर्ता उतारकर जेबदार बनियान पहन रहा था...

उसने पलकें झपकायीं, उसने पलकें उठायीं और प्रतिज्ञा की : "अब मैं अपनी मेहरी से जुआँ खोजवाऊँगा और चीलर भी लेकिन तब जब नेता बन जाऊँगा। हाँ...हाँ...मैं शादी तभी करूँगा, जब राजनीति मैं कुछ कर गुज़रूँगा। यानी कि कम-से-कम ज़िला स्तर का कोई पद हथिया लूँगा।" वह केंचुल से निकल रहा था...वह केंचुल में घुस रहा था...केंचुल से निकलकर वह रेंग रहा था...

राजनीति की ऊबड़खाबड़ डगर पर रेंगते-रेंगते राजदेव के बाल झड़ने लगे,

आँखों की ज्योति मन्द होने लगी, दाँत पायरिया के घेरे में आ गये। मसूढ़े फूले रहते और दबाने पर मवाद फेंक देते। अब उसे अधिक मेहनत पर हल्की थकान लगने लगती थी। छत्तीस की उम्र में वह काफ़ी कुछ थक गया था। इसीलिए जब जिलामन्त्री बना, तो शुभचिन्तक बधाई की जगह यह मशवरा देने लगे, ''अरे राजदेव, अब शादी कर ही लो। ज़्यादा टालमटोल करोगे, तो बाद में होगी ही नहीं तुम्हारी मैरिज। टापते रह जाओगे।''

राजदेव को दान-दहेज खास हासिल नहीं हुआ था पर वह सन्तुष्ट था, चलो शादी हुई, नहीं तो ज़िन्दगी-भर रंडुवा बना व्याकुल घूमता रहा। प्रेम तथा वासना का दलिद्दर घेरे रहता। कुल मिलाकर स्थिति यह थी कि उसके जीवन के हँसी-खुशी के गुब्बारे में सावित्री की नेमत पम्प कर रही थी।

कोई दोस्त मिलता, राजदेव कहता, ''अरे भाई, एक दिन घर आओ, अपनी भाभी के हाथ की चाय पियो।'' बुजुर्ग मिलता तो वह कहता, ''आइये, एक दिन अपनी बहू को आशीर्वाद तो दीजिये।''

राजनीतिक हमजोलियों के बीच उसने घोषणा कर दी थी, ''मैंने दहेज नहीं लिया है और एक गरीब लड़की का उद्धार किया है।'' वह अपनी इस गप्प पर मुग्ध होता और अकस्मात् दहेज प्रथा के विरुद्ध संक्षिप्त भाषण करने लगता है। वह कहता, ''भारतवर्ष के नवयुवकों को बाल-विधवाओं और विपन्न कुँवारी कन्याओं के उद्धार के लिए आगे बढ़कर महानता की मिसाल कायम करनी चाहिए। मुझे देखिये मैंने तो एक दुखियारी की ज़िन्दगी सँवार दी। मेरी बीवी सावित्री आज सुखी है और मेरा एहसान मानती है।''

वह अपनी इस युक्ति पर गद्गद था और सोच चुका था टिकट के लिए अपने बायोडाटा में जोड़ देगा कि उसने विपदा की मारी एक लड़की को बिना दान-दहेज अपना बनाकर सेवा की है। वह बुदबदाता, ''हे भगवान्! मुझ पर कृपा दृष्टि डालकर टिकट दिलाओ। ज़िलामन्त्री की पोस्ट कोई पोस्ट होती है ससुरी। अनुकम्पा करो, प्रभु! मैं पापी तो पापी, सावित्री के पुण्य से ही एवमस्तु बोलो।''

सावित्री पर वह फ़िदा था। एक तो उसके भाग्य से बाउम्मीद था। दूसरे वह छत्तीस वर्षों का एक ऐसा अतृप्त कामुक था, जिसका विवाह हुए आधा साल भी नहीं बीता था। सावित्री की एक-एक अदा उसे फिरकी की तरह नचाती। मसलन वह रसमलाई पसन्द करती थी, अतः वह अक्सर कुल्हड़ में रसमलाई छुपाकर लाता और रात में बिस्तर पर मनुहार करके खिलाता। बाजार में कभी वह कैथा तलाशता

हुआ मिलता, तो कभी टिकिया का दोना बाँधता हुआ। वह इन खाद्य पदार्थों को तस्करी के सामान की तरह सनसनीखेज लुकाछिपी के साथ लाता और एकान्त में सावित्री के मुँह में डाल देता।

दोस्तों ने घोषणा कर दी, ''राजदेव की राजनरति बीवी के पेटीकोट में घुस गयी।'' उन्हें विश्वास हो गया कि राजदेव की राजनीतिक मृत्यु हो चुकी है और वह जोरू की गुलामी में जीवनयापन करेगा। लेकिन परिवार के लोग प्रसन्न थे कि लड़का रास्ते पर आ रहा है। भाभी मुस्कुरातीं कि लालाजी अब मेरी गोद में नहीं लुढ़केंगे, जुआँ खोजवाने को। वह उदास हो जातीं कि लालाजी पूरे चौदह बरस कैसी बेरुखी बरते हैं। कहाँ हरदम छुछुवाते रहते थे और कहीं चौदह बरस बोले नहीं लेकिन वह सहर्ष सन्तुष्ट थीं कि लालाजी की ज़िन्दगी अब सुधर रही है...

पर राजदेव की ज़िन्दगी के सुधरने में कुछ बाधामूलक तत्व थे। जैसे एक दिन सावित्री माँग कर बैठी, ''हमको एक दो बढ़िया साड़ी खरीदो ना।''

''खरीद देंगे...खरीद देंगे... ।'' वह कैसे बतलाये कि रसमलाई, टिकिया इत्यादि से तो प्रेम का सबूत दिया जा सकता है, पर साड़ी भेंट करना तभी मुमकिन है, जब दंगा-फ़साद में कोई दुकान लुट जाये।

यह दिक्कत आती ही नहीं, यदि सावित्री को बतला देता कि वस्तुतः वह आर्थिक दृष्टि से एक जीर्ण-शीर्ण चिरकुट इन्सान है। उल्टे वह फोकस मारता था कि उसके जीवन में पैसे की झमाझम बारिश हो रही है! शायद इसीलिए सावित्री की छोटी-बड़ी चीज़ों की फ़रमाइश के जवाब में वह उत्कृष्ट बहाने पेश करता। जैसे कि एक गरीब के बेटे को इलाज के लिए लम्बी रकम दान करने के कारण उस वक्त उसका हाथ खाली हो जाता। इसी तरह कभी चेले-चपाड़ों को कपड़े सिलवाने, कभी उनकी खुराकी में पैसे खर्च हो जाते। चन्दों में तो अच्छी-खासी रकम वह अक्सर फूँक चुका होता। तो इस प्रकार की कपोल-कल्पनाओं को वह ढाल बनाता और सावित्री की हथेली पर कभी भी सम्मानजनक धनराशि न रखता। उल्टे वह शादी के समय प्राप्त सावित्री की मुद्रा को दिन-प्रतिदिन क्रमशः हड़प रहा था। वह कमा कुछ नहीं रहा था, पर खर्च पूरे मनोयोग से कर रहा था। सावित्री अधिक हुज्जत करती तो वह चिड़चिड़ा उठता, ''ओफ़, तंग आ गया मैं। सिर भन्नाने लगा है।'' नतीजतन रात को सावित्री तेल डालकर उसके सिर की चम्पी करती। पैर तो वह रोज़ दबवाता था। मगर जब हर्षित रहता तो न चम्पी कराता न पैर दबवाता। पर एक दिन ऐसा भी हुआ कि वह हर्षित नहीं था फिर भी उसने न चम्पी करायी

और न पैर दबवाये। सावित्री पास खिसकी तो वह दूर खिसक गया। वह और पास तो वह और दूर। जब वह एकदम किनारे पहुँच गया तो उठ बैठा और नाक में उँगली डालकर सोचने लगा। वह उद्विग्न दिख रहा था। दरअसल उसे राजनीति की याद सताने लगी थी। उस पर पुनः राजनीति का नशा चढ़ने लगा था। वह छटपटा रहा था कि कब तक गृहस्थी का घुइयाँ छीलता रहेगा और मंज़िल से दूर रहेगा। उसके हृदय में सूक्ति उठती—'हम लोगों के लिए राजनीति जीवनसंगिनी है और जीवनसंगिनी रखैल। जो रखैल को जीवनसंगिनी समझता है, लक्ष्य सदैव उससे दूर रहता है।' वह पछताता कि इस उम्र में लोग मिनिस्टर बन जाते हैं जबकि वह बीवी की चरण-रज धोकर पीने में जुटा हुआ है। उसने अपने को धिक्कारा और राजनीतिक चर्या को समर्पित हो गया। पार्टी ऑफ़िस पहुँचकर बोला, "अब तक मैं भ्रमित था। अब मैं फिर से अपने घर वापस आ गया हूँ।" अब वह लगातार देर रात आता था और सुबह पूजा-पाठ के बाद निकल जाता था। वह सावित्री के पास ऐसे आता था जैसे ट्रक ड्राइवर रंडी के पास जाता है। पर सावित्री रंडी नहीं थी, वह पति की बेरुखी से थर-थर काँपती। वह सो जाता तो वह रोती कि उसका कसूर क्या है? प्रभु से विनती करती, कोई ऐसा अवसर आये कि उसका पति खुश हो जाये। जल्दी ही अवसर आया, उसके गर्भ-द्वार पर शिशु ने दस्तक दी। वह पहले डरी, फिर चिन्तित हुई और फिर खुशी के झरने में नहाने लगी। इस खुशखबरी को उसने राजदेव की आँखों में आँखें डालकर बताया, उसके कानों को अपने चिकने पेट पर लिटाकर सुनाया, नाली में उल्टी करके दिखाया...।

राजदेव ने इच्छा प्रकट की थी, "मैं चाहता हूँ हमारा बच्चा ननिहाल में जन्म ले। सो तुम मैके चली जाओ।"

"मैं मैके नहीं जाना चाहती। मैं तो आपके पास रहूँगी।"

"वहाँ तुम्हें आराम रहेगा। दुलारी बिटिया हो, सब खयाल रखेंगे तुम्हारा और पेट के बच्चे का।" राजदेव ने समझाया।

"तो आप लोग खयाल नहीं रख पायेंगे?" वह सुबकने लगी।

राजदेव ने प्यार से समझाया, "जैसे नये या तुरन्त आज़ादी पाये देश होते हैं न, वे विदेशों से मदद लेते हैं न, यही जानो कि हम नये मियाँ-बीवी होनेवाले बच्चे के लिए उसके ननिहाल से मदद ले रहे हैं।"

सावित्री ने डबडबाई आँखों और मुस्कुराते होंठों से अपने सामान्य ज्ञान का परिचय दिया, "लेकिन विदेशों से मिली मदद भी कर्ज़ होती है। ऐसे तो हमारी

औलाद जन्मते ही कर्ज़ से घिर जायेगी। पैदा ही वह कर्ज़ में डूबी हुई होगी।''

''देखो, ज़्यादा विदेश नीति न झाड़ो। मैं कहता हूँ कि मान जाओ।'' राजदेव ने कुछ क्रोध, कुछ प्यार से कहा, पर वह उसी प्रकार सिकुड़ी की सिकुड़ी रही।

''तुम कुछ बोलतीं क्यों नहीं?'' वह झुँझला गया, फिर भी वह कुछ न बोली।

''तो तुम मानोगी नहीं ?''

''नहीं।''

''नहीं?'' दाँत पीसते हुए उसने धमकी का लालमिर्चा झोंका।

''नहीं।''

वह भड़क गया, ''ठीक है, देखता हूँ कैसे नहीं जाती हो। मैं बहुत ही खतरनाक इन्सान हूँ। तुमने मुझे समझा नहीं है। मेरी कमीनगी अभी देखी कहाँ है। मैं किसी बात पर अड़ जाता हूँ तो फिर अड़ ही जाता हूँ। मैं कहता हूँ तुम्हें जाना पड़ेगा...जाना पड़ेगा...एक नहीं, हज़ार बार...जाना पड़ेगा... ।'' उसे खाँसी आ गयी। खों-खों करने के बाद वह पुनः भड़का, ''मैं किसी को आसमान पर चढ़ा सकता हूँ तो उसे धरती पर पटक भी सकता हूँ...कुतिया कहीं की...''

सावित्री जब मैके के लिए विदा हो रही थी तो सचमुच वह एक लाचार पिटी और थकी-हारी कुतिया की तरह कूँ-कूँ रो रही थी। बाहर रिक्शा खड़ा और भीतर वह अपने कमरे में रो रही थी। राजदेव सोच रहा था, 'सावित्री अभी उससे लिपटकर फूट-फूट रोयेगी।' पर उसने केवल अपना सिर पति के बायें कन्धे पर धीरे से रख दिया और कुतिया की तरह कूँ...कूँ रोने लगी। राजदेव को कुछ न सूझा तो वह स्वामी विवेकानन्द की तरह सीने पर हाथ बाँध खड़ा हो गया और बोला, ''चुप रहो...चुप रहो...बच्चे का खयाल करो...रोते नहीं...'' पर सावित्री थी कि कुतिया की तरह कूँ ...कूँ रोये जा रही थी। उसकी आँख के कुछ आँसू राजदेव की छाती पर टिकी दायीं हथेली के ऊपरी हिस्से पर इकट्ठा हो गये।

अगली सुबह सावित्री घर में नहीं थी और राजदेव को लग रहा था, हथेली के वे आँसू सूखे नहीं हैं। वह जगह अभी भी भीगी हुई है। वह बार-बार उस स्थान को अपनी आँखों से स्पर्श कराता और भावुक हो जाता। अपने बाल नोंचता और फुसफुसाता, ''मैं पापी...मैं पापी... ।'' वह अपने कमरे में घुसता तो सूना महसूस करता। हालाँकि सभी कुछ उसी तरह था, केवल एक बक्सा नहीं था पर लगता ऐसा था कि कमरे की छत कुछ नीचे खिसक आयी है और कोई एक दीवार कम हो गयी है। वह तकिये में मुँह छिपाकर लेट गया।

वह देर तक सोता रहा। शाम को नींद खुलने पर उदास था और तरोताज़ा था। उदास कम था, तरोताज़ा ज़्यादा था। उसने ज़ोर की अँगड़ाई ली और सोचा—'चलो, कुछ लोगों की चमचागीरी कर आयें...'

वह अविराम चमचागिरी कर रहा था लेकिन सावित्री के पत्र ने अवरोध पैदा कर दिया था। मगर सावित्री को भेजनेवाले पत्र के मजमून ने अब सब समतल कर डाला था। वह मुस्कुराया, क्या आइडिया है! साफ़ मुकर जायेगा कहेगा कि उसे तो कोई पत्र मिला ही नहीं। उल्टे खुद तोहमत लगायेगा, "मेरी तुम्हें परवाह नहीं..."

वह तृप्त और उल्लसित था। उसने सावित्री को पत्र न भेजने की शिकायत लिखकर पत्र पेटिका में डाल दिया था, और अनवरत प्रदेश सचिव बनने के उत्साह में हिल रहा था। हृदय में इच्छा उठ रही थी कि बचपन की प्रार्थना गुनगुनाये—हे प्रभो आनन्ददाता, ज्ञान हमको दीजिये...। पर तभी यह तार...'कम सून'। सावित्री ने उसे तुरन्त बुलाने के लिए तार कराया था। 'कम सून'।

उसके होंठ विद्रूप से टेढ़े हो गये, "अंग्रेज़ी पेलती है।"

विपत्ति से घिरे अभागे की तरह उसने सिर थाम लिया, "अब क्या होगा?" एक लम्बी साँस खींची और उसे छोड़ते हुए कहा, "अब क्या होगा?" तारवाले ने दस्तखत करा लिया था, इसलिए वह फँसा पा रहा था। तार चिट्ठी की तरह बेसबूत नहीं होता, निरीह खाँसी की तरह उसकी घिग्घी बँध गयी थी। वह तीसरी बार बुदबुदाया, "अब क्या होगा?" मोती सिंह ने कहा है, "किसी दिन—किसी भी समय दिल्ली-यात्रा का प्रोग्राम बन सकता है। लखनऊ तक ट्रेन के ए.सी. डिब्बे में, फिर हवाई जहाज़ का सफ़र।" वह चहचहाया, "सचिव न भी बने, जहाज़ पर तो उड़ लेंगे अपने राम।" वैसे मोती सिंह के कारण सचिव पद भी थोड़ा करीब खिसक आया है। एक बार उसे प्रदेश की राजनीति में घुसने का मौका मिल जाये तो दिखा दे अपना हाथ जगन्नाथ। सबसे पहले तो संगठन में जगह-जगह अपने आदमी फिट करेगा। इसके बाद मोती सिंह को चार लात लगायेगा और खुद अध्यक्ष हो जायेगा। इलेक्शन में युवा शाखा कोटे से टिकट पायेगा फिर एम.पी., उपमन्त्री, राज्यमन्त्री, मन्त्री...उसे सावित्री की बात याद आ गयी, जो कहती थी—'तुम प्रधानमन्त्री बन जाओ, इसके लिए मैं व्रत रखूँगी।' कितना प्यार करती है वह मुझको! उसे अपने पर ग्लानि हुई और सावित्री पर प्यार। कैसे वह दुख में भी हँसती रही! मैंने कितना भी सताया, गुस्सा किया, बेइज़्ज़त किया, झूठ बोला, चूँ न की। कैसे

हमेशा मेरे फ़रेब पर भरोसा करती रही!

कैसे सारी रसमलाई गप्प-गप्प खा जाती और मैं खुश होकर देखता रहता था ...नामालूम कैसी तबियत होगी बेचारी की...'कम सून' लिखकर मुझे पुकारा है। मुसीबत की मारी ने मुझे बुलाया है मैं ज़रूर जाऊँगा। कोई भी ताकत अब मुझे ससुराल जाने से रोक नहीं सकती। मैं सचिव पद को भाड़ में झोंकूँगा और पत्नी के पास पहुँच जाऊँगा। कभी न चुकाने वाले उधार का प्रबन्ध करूँगा। मिठाई, फल, मेवे, कपड़े खरीदकर ले जाऊँगा। वह खुश हो जायेगी। वह हँसा, कितना सरल है खुश करना! ऐसे ही अगर पार्टी के आला नेता खुश हो जाते तो मज़ा आ जाता। बस वे चुटकी बजायें, तो मुझको लाल बत्तीवाली कार मिल जाये। अर्दली और अंगरक्षक भी ससुरे सेवा करते रहें... कौन ठीक, प्रदेश सचिव बनने के बाद मिनिस्टरी न सही जल्दी, निगम की चेयरमैनी ही अपने तम्बू के नीचे आ जाये। तब भी तो लालबत्ती, बँगला, फ़ोन वगैरह का बन्दोबस्त पक्का समझो। खसोट लूँ सब रुपया। हड़पकर कंगाल कर दूँगा निगम। किसी दूसरे नेता का जाने का मन नहीं होगा फिर उस कुर्सी पर ...जो भी हो, मोती सिंह की कृपा से भविष्य उज्ज्वल दिखाई दे रहा है। मगर यह सावित्री की बीमारी टपक पड़ी, वह भी ऐसे नाज़ुक वक्त में। फिर सुपरफ़ास्ट स्पीड में चिट्ठी और...ओह... और...यह तार...

...वह बरस पड़ा, आखिर इतनी जल्दी प्रेगनेंट होने की क्या ज़रूरत थी और अगर भूल से चूक हो भी गयी तो बीमार होने की क्या ज़रूरत? लेकिन यहाँ मम्मी बनने का शौक चर्राया था न। कुछ नहीं, बस, मेरी किस्मत के रास्ते में रोड़ा खड़ा करना था। बड़ी चली आयी 'कम सून' वाली! अब तो मैं कदापि नहीं जाऊँगा ससुराल। मुझे चिढ़ हो गयी है। नहीं जाता, देखता हूँ मेरा कौन क्या बिगाड़ देता है...लेकिन यह तार...मुझसे दस्तख्त करा लिया था तारवाले ने। नहीं जाता...तो दुश्मन कहीं इस्तेमाल न कर लें...क्या करे वह? वह रुआँसा-सा हो चला उसने कुर्ते की जेबों में अपने हाथ डाल दिये और पैर हिलाते हुए सोचने लगा। वह सोचता रहा...सोचता रहा कि मुस्कुरा उठा, मैं ऐसी युक्ति करूँगा कि साँप भी मर जायेगा और लाठी भी नहीं टूटेगी। यह एक नेता की बुद्धि है, जो हर मुसीबत का हल ढूँढ ही लेती है। उसने अद्भुत मेधा का परिचय दिया। उसने लिखा : 'मेरी प्राणप्यारी! बड़े पशोपेश में हूँ। दरअसल जब तारवाला आया तो मैं टट्टीघर में था। अम्मा नहा रही थीं और भाभी सब्ज़ी लेने गयी थीं, और कोई घर में था

नहीं सो मैंने ही बाहर आकर दायें हाथ से तार लेकर कुर्ते में रख लिया। सोचा, हाथ माँजकर पढ़ूँगा लेकिन तभी चेले-चापड़ आ गये, सो तार की बाबत भूल ही गया मेरी जान। फिर मुझे क्या पता कि तुम्हारा तार है! यह तो तब पता चला, जब धोबी ने कहा—'भइया, इ कुर्ते में एक कागज़ था।' अब दुर्भाग्य देखो, सारी लिखावट धुल गयी थी, खाली तुम्हारा नाम कुछ-कुछ पढ़ने में आ रहा है। कोई खुशखबरी ही भेजी होगी, पर कहीं कोई गड़बड़ तो नहीं है, यह सोचते ही दिल काँप जाता है! इसीलिए यह पत्र अपने एक विश्वासपात्र चेले के हाथ भिजवा रहा हूँ। जवाब इसी के हाथ भिजवा देना। मैं खुद आता, पर एक ज़रूरी काम से दिल्ली जाना है, बड़ा ! फ़ायदा होना है लेकिन मैं अपने लिए थोड़े यह सब कर रहा हूँ। यह सब तो मैं बच्चे और तुम्हारे जीवन की बग़िया में खुशियों के फूल बिखेरने के लिए कर रहा हूँ। तुम्हारे ऊपर जान न्यौछावर करनेवाला राजदेव!' पत्र लिफ़ाफ़े में बन्द हो गया था।

राजदेव ने चार-छह नौजवानों को चारा दिखाया था : मैं प्रदेश सचिव बना नहीं कि तुम ज़िला सचिव-बने! इस कृपा कथन के पीछे मकसद था कि वह पद पाकर दिल्ली से लौटेगा तो ये चिरकुट शहर में स्वागत का इन्तज़ाम-पाती करेंगे। भीड़-भाड़ इकट्ठी करके जय-ज़िन्दाबाद लगवायेंगे। बाद में इनमें से कुछ को उपसचिव बनाकर सचिव बनने के चक्कर में हमेशा पापड़ बेलवायेगा।

उन्हीं में से एक टुटपुँजिया को उसने लिफाफा पकड़ाकर आवश्यक निर्देश दिये और कहा, "यह लैटर पहुँचाकर आराम से आना। मैं कल शहर में रहूँगा नहीं, परसों मिलना।" टुटपुँजिया चला गया तो वह मुस्कुराया, 'परसों घंटा मिलोगे। कल दोपहर ही तो दिल्ली के लिए चल पड़ूँगा। लखनऊ तक ए.सी. डिब्बे में, फिर जहाज़ से। अर्र...राजा जहाज़ से उड़ूँगा...एयर होस्टेज पर नज़रें गड़ाऊँगा तो हटाने का नाम नहीं लूँगा। ए.सी. डिब्बे में कोई हुस्न की मलका रही तो आँख सेंकते हुए रास्ता गुजार दूँगा।...'

प्रदेश सचिव बनने के बाद चुनाव की तैयारी करनी है, यानी कि धन-धान्य इकट्ठा करना है और असलहे। गुंडों-बदमाशों की लम्बी फ़ौज खड़ी करूँगा। सब बूथों पर कब्ज़ा करवा लो, किला फ़तह। बहुत हुआ, मुकदमा ठुका। वहाँ भी कौन इन्साफ़ है? हो भी, क्या फ़र्क! फ़ैसले तक तो अगला इलेक्शन आ जायेगा।

यदि मैं मन्त्री बन गया तो फिर क्या कहने, अपने क्षेत्र में योगी-मुनि रहूँगा, पर बड़े-बड़े शहरों में ऐयाशी का नंगा नाच खेलूँगा। मेरी प्रेम तथा वासना की जो

नदिया सूख चली है फिर भर जायेगी। अच्छा, मैं अपनी ब्लैक मनी छिपाऊँगा कैसे? फैक्टरियों में, विदेशी बैंकों में, फिर भी बची तो राजनीतिक 'भ्रष्टाचार विरोधी फ़िल्मों का निर्माता हो जाऊँगा...'

उसने अपने सिर पर चपत लगायी, 'पंडित राजदेव, ज़्यादा न उड़ो अभी। पहले प्रदेश सचिवल्ली पद पा लो, फिर डेमोक्रेसी पर आग मूतना। उसने निश्चय किया, हाँ, तभी वह डेमोक्रेसी पर आग मूतेगा।...

...ट्रेन छूटने न पाये, इस चक्कर में वह पौन घंटा पहले ही स्टेशन पर धमक गया था। वह मोती सिंह का इन्तज़ार कर रहा था...।

उसकी व्यग्रता का आलम यह था कि वह चार समोसे खा चुकने के बाद पाँचवीं बार चाय पी रहा था। उसने चाय का गिलास उठाया था कि किसी ने उसे आवाज़ दी। मुड़कर देखने के पहले वह झुँझलाया, 'एक रुपये का चूना लगा चाय पिलाने में।' आवाज़ देनेवाला राजदेव का पत्रवाहक टुटपुँजिया था।

टुटपुँजिया पास आया, "आपके घर गया था, पता चला, आप यहीं आ गये हैं।" टुटपुँजिया की आवाज़ में लहर थी और वह काँप रहा था।

"तो तुम गये नहीं वहाँ चिट्ठी लेकर?"

"मैं गया था वहाँ, और लौट भी आया।"

"अबे इतनी जल्दी क्या थी लौटने की? कहा तो था कि परसों मिलना।"

"बात ही कुछ ऐसी थी कि तुरन्त ही लौटना पड़ा।"

"बात ही कुछ ऐसी थी...बात ही कुछ ऐसी थी।" राजदेव मुँह बनाने लगा फिर डाँटकर कहा, "क्या बात थी?" टुटपुँजिया हकलाने लगा।

...बात यह थी कि सावित्री माँ बन गयी थी। वह अजीबोगरीब सन्तान थी। उसके मुँह से हमेशा चारों पहर, सोते-जागते लार बहती थी। वह लार में लिथड़ी सन्तान थी। जैसे उसके पेट में लार की टंकी हो—जब देखो तब लार बहती रहती।

वह पीली और दुर्बल थी। चिचुकी हुई। बहुत बासी तरोई की तरह। उसमें जीवन के चिह्न नहीं थे। जीवन गायब था। बस, जीवन की परछाईं जैसे धपू से गिर पड़ी हो। वह हँसती थी, न रोती थी। हाँ, कोई उसके हाथ छुये, तो चिल्लाने लगती थी। हाथ में जीवन था पर हाथों की गति असह्य थी उसको। वह गोरी-गोरी और पिलपिली थी। लगता, मृत्यु ने ढेर सारा बलगम थूका है।

सावित्री बगल में पड़ी रो रही थी। वह कहती, "आज एक माँ का भाग्य फूट गया।" उसके आँसू और सन्तान की लार मिलकर एक हो गये थे। आँसुओं

का लार में विलयन हो गया था। लार ज़्यादा थी आँसू कम। आँसू दिखते नहीं, सब जगह लार ही लार। लोग बोले...''ऐसी सन्तानें बचती नहीं। माँ के आँसुओं से प्यास बुझाने वाली औलादें ज़्यादा दिन जीती नहीं। ये जल्दी-से-जल्दी मर जाने के लिए ही पैदा होती हैं।'' पर सन्तान मरी नहीं। वह तो ताज़ादम हो रही थी। जैसे कि किसी मायावी का छल हो, सन्तान स्फूर्त और गतिमय हो रही थी। बहुत द्रुत रफ़्तार से; जबकि माँ पीली पड़ती जा रही थी। अजीब तारतम्य था, एक की चेतना और दूसरे की मूर्छा में। ऐसा मालूम होता था, सन्तान अदृश्य नली से माँ का बूँद-बूँद रक्त पी रही है। माँ निचुड़ रही है। कमज़ोर और अचेत होती जा रही है। सन्तान ताज़ादम और ललछौंह हो रही है...

राजदेव को लोगों से घिरे मोती सिंह दिख गये। राजदेव ने चिल्लाकर और हाथ उठाकर उन्हें अपनी तरफ़ आकर्षित किया और टुटपुँजिया से पूछा ''तो तुमको हम यही समाचार लाने के लिए भेजे थे?''

टुटपुँजिया की बुद्धि में नहीं आया, जवाब में वह क्या बोले। वह आँख झपकाते हुए राजदेव को देखने लगा।

राजदेव की इच्छा हुई की उसकी आँखें फोड़ दे, लेकिन वह चुपचाप ससुराल में उपस्थित स्थिति के बारे में सोचने लगा।

''तो मेरे लिए क्या आदेश है?'' टुटपुँजिया ने प्रश्न किया।

''तुम...तुम...'' वह हकलाने लगा, ''तुम फिर वहीं चले जाओ! तब तक रहो जब तक सब ठीक न हो जाये। कोई खास बात हो, तो यहाँ और दिल्ली के पते पर तार कर देना। फ़ौरन।''

टुटपुँजिया जा रहा था और ट्रेन आ रही थी। वह मोती सिंह की तरफ़ लपका।

''तो चल रहे हो न!'' मोती सिंह मुँह में पान भरे थे। ट्रेन रुकी। राजदेव पागलों की तरह ए.सी. डिब्बे में घुसा। मोती सिंह इत्मिनान से।

ट्रेन भाग रही थी।

राजदेव के हाथ में मोती सिंह का दिया एक सन्तरा था। सन्तरे को पकड़े हुए वह विचारमग्न था।

—यदि बच्चा मर गया तो?

—तो क्या दूसरा पैदा कर लेंगे।

—बीवी मर गयी तो?

—तो क्या...तो क्या...

—दोनों मर गये तो?

उसने निश्चय किया यदि ऐसा हुआ तो अपने बायोडाटा मैं जोड़ेगा—'पब्लिक की सेवा में—पार्टी की खिदमत में—गृहस्थी तबाह हो गयी। परिवार उजड़ गया।' इस सम्बन्ध में टुटपुँजिया का तार मिला तो नत्थी कर देगा।

उसने लम्बी साँस छोड़ी और सन्तरा छीलने लगा।

सन्तरे में बड़ा रस था।

शापग्रस्त

सरोज वर्मा उद्विग्न थी कि पतिजी को क्या होता जा रहा है। कुछ दिनों से हँसी-खुशी उड़न-छू हो चली है। कितना हँसते-हँसाते थे। उस पर भी न हँसती तो गुदगुदी लगाने लगते थे। उजली तो उनके जीवन की चाभी थी। सुबह स्कूल के लिए वह ही उसको तैयार करते। चहकते हुए स्कूटर से उसे छोड़ने जाते। शाम ऑफ़िस से लौटते तो बस, लाद लेते बेटी को। फिर तो रात उन्हीं के पेट पर लेटे हुए वह सोती।

घर में जैसे खुशियों की अनेकानेक गोरियाँ फुदकती-चहकती हों। देर से ऑफ़िस जाकर जल्दी घर लौट आते पतिजी। वह झूठ-मूठ में नाराज़ हो जाती तो मनाने लगते। शादी के सात साल हो गये पर बात-बात में हुस्न की खूबसूरती में शे'र-ओ-शायरी करते रहते। इतना प्यार...इतना प्यार... कि शौचालय में उसे देर हो जाये तो "सरोज ...सरोज" कहते हुए दरवाज़ा भड़भड़ाने लगते, "सरोज, तुम ठीक तो हो न?"

वह कहती, "फ़लाँ फ़िल्म का कैसेट लाओ"—ला देते। कहती, "साड़ी लाओ"—ला देते। कहती, "चाट खिलाओ"—खिला देते। कहती, "खाना बनाओ"—बनाने लगते। कहती, "बच्ची बहलाओ"—बहलाने लगते।

पर पिछले कुछ दिनों से इस शख्स को हो क्या गया? आफ़िस से छुट्टी मारकर बैठा है गुमसुम। आँख उठाकर देख तक नहीं रहा है। न उसकी तरफ़...न बच्ची की तरफ़...। अजीबोगरीब हरकतें कर रहा है। बचपन की तस्वीरों को घंटों देखता रहेगा। यौवन की तस्वीरें देखकर आईने के सम्मुख खड़ा हो जायेगा और देर तक बिसूरता रहने के बाद अचानक चारपाई पर अनिश्चित समय के लिए तकिये से मुँह ढँककर लेट जायेगा। एक दिन न जाने क्या हुआ, उठा और अपनी नेमप्लेट

उखाड़ डाली। इसी तरह एक दिन अपनी कविताएँ ज़ोर-ज़ोर से पढ़ने लगा। पढ़ना क्या चिल्लाने लगा।

सरोज वर्मा उस घड़ी को कोसती है, जब उसने कह दिया था, ''ए जी, आपकी तोंद बहुत ज़्यादा निकल आयी है, इसे भीतर करिये न...?''

कर्तव्यपरायण पति प्रमोद वर्मा ने अगली सुबह दंडबैठक लगानी शुरू कर दी है। इस पर वह शेखी में मुँह फुला बैठी, ''ये सब नहीं चलेगा जी। सफ़ेद निकर और एक्शन शू पहनकर जॉगिंग करिये। फिर शीशे के सामने खड़े होकर तौलिया से पसीना पोंछें।''

प्रमोद वर्मा ने वैसा ही किया। आदमकद आईने के सामने सफ़ेद निकर, बनियाइन और एक्शन शू में वह छोटी-सी तौलिया से देह पोंछ रहा था। उसने सोचा कि हो सकता है कि तोंद कुछ पिचकी हो। आकलन के लिए उसने पेट पर हाथ फेरा। वह यथारूप था। तभी उसने अपने को कायदे से देखना शुरू किया। सब कुछ बदल गया था। अभी पैंतीस का था, पर कितना खुरदुरा और प्रौढ़ लग रहा था! वह अखबार में मुँह छिपाकर पास की कुर्सी पर बैठ गया। स्वयं से बोला, ''मेरा शरीर, मेरी आत्मा, दोनों बर्बाद हो चुके हैं। मैं पैंतीस का हूँ लेकिन दोनों ही बूढ़े हो चुके हैं। न मेरी आत्मा निष्पाप हो सकती है, न मेरी तोंद पिचक सकती है। भौतिक और आध्यात्मिक दोनों के ही विकास की सम्भावनाएँ मेरे तईं धूमिल हो चुकी हैं।''

यही क्षण था जब उसमें परिवर्तन प्रकट होने लगा था। वह लम्बी छुट्टी लेकर घर बैठ गया और उदास और बेचैन दिखने लगा। समय-समय पर वह लम्बी साँस लेता अथवा लम्बा निःश्वास छोड़ता।

पर जब अपनी पुरानी कविता का ज़ोर-ज़ोर से पाठ करते हुए चिल्लाने लगा, तो सरोज वर्मा सिहर गयी और उसके सामने गिड़गिड़ा उठी, ''प्लीज, आपको ये क्या हो गया है?''

''मुझे सत्य का पता चल गया है; बल्कि सत्य है कि मुझे असत्य का पता चल गया है।''

''क्या है असत्य?''

''वह सब कुछ असत्य था, जो अब तक हमारे बीच था।''

''मतलब कि हमारे बीच जो प्रेम था, जो सुख था, वह असत्य था?''

''हमारे बीच न प्रेम था, न सुख, यहाँ तक कि उजली के प्रति भी हमें प्यार

न था। दरअसल हम जब तक जागते थे, प्रेम, सुख, वात्सल्य के देखे-सुने का रिहर्सल मात्र करते थे। हम प्यार नहीं, प्यार का प्रदर्शन करते थे।''

''कैसी बात कर रहे हैं?''

''सच कह रहा हूँ। सत्य तो यह है कि तुम्हारे बन-बनकर बोलने, कृत्रिम हँसी, नकली रूठने और हर पल इतराते रहने से मुझे घृणा होती थी। मगर दरअसल हम घर में रहकर भी सड़क पर होते थे, जहाँ लोग तमीज़, मुहब्बत वगैरह का स्वाँग रचाते हैं।''

''तो क्या आपका वह गुदगुदी लगाना, वह टट्टीघर का दरवाज़ा भड़भड़ाना, वह किचन के काम में हाथ बँटाना झूठ था?''

''बिलकुल झूठ था।''

''और वह शे'र-ओ-शायरी सुनाना भी झूठ था?''

''बिलकुल झूठ।''

''आप चाहते क्या हैं?''

''मैं सुखी होना चाहता हूँ। मुझे सुख की खोज है। मैं उसे पाना चाहता हूँ।''

''तुम पागल हो गये हो। भरी जवानी में तुम्हें साधु बनने की शैतानी सूझ गयीं है। हे भगवान! ये इसी तरह अगर पगलाते रहे तो मेरा और मेरी बच्ची का क्या होगा?''

उजली दौड़ती हुई आयी, ''पाप्पा...पाप्पा...मुझे कॉमिक्स खरीद दो न।''

उजली ने हाथों को टामीगन की मुद्रा में बनाया। पापा कॉमिक्स नहीं देता—ठाँय...ठाँय...पापा मर गया—ठाँय!

प्रमोद वर्मा गोया सचमुच मर गया। वह चारपाई पर गिर पड़ा और चद्दर से मुँह ढँककर पड़ गया।

उसकी इधर की यह चिरपरिचित मुद्रा थी। इस मुद्रा में जैसे ही आता, द्वन्द्व का एक शोकगीत शुरू हो जाता। इधर अनगिनत बार यह शोकगीत उसने गाया। फिर भी वह जैसे ही मुँह ढँककर लेटने की मुद्रा में आता, शोकगीत शुरू हो जाता।

'मैं आदर्श भारतीय नागरिक की तरह बायीं पटरी पर चला और सच्चे भारतीय पुरुष की तरह अहर्निश गृहस्थी का खड़खड़ा खींचा। पत्नी द्वारा रोज़-रोज़ फ़ज़ीहत के बावजूद मैं बेशर्म के पौधे की तरह हरा-भरा खिला-खिला रहा। वी.सी.आर. खरीदा, स्कूटर खरीदा, सोफ़ा, फ्रिज़, सब कुछ है मेरे पास। एक स्थानीय किन्तु प्रतिभाशाली चित्रकार के चित्र भी टँगे हैं ड्राइंग-रूम में। अपना मकान न सही किन्तु प्लॉट

खरीद रखा है। पैंतीस वर्ष की अवस्था में कोई मध्यवर्गीय नवयुवक इससे अधिक क्या कर सकता है? बच्ची को बढ़िया स्कूल में पढ़ाता हूँ। कोई भरोसा न करे तो मेरे घर का फ्रिज खोलकर देख ले, खाने-पीने के सामान से ठसाठस रहता है। ढाई किलो तो दूध खरीदा जाता है। मेरे पेट की गड़बड़ी को छोड़ दिया जाये तो सब कुछ चुस्त-दुरुस्त है। पर हकीकत नहीं है यह। मैं एक रोग का रोगी हो गया हूँ पिछले कुछ दिनों से। अजीबोगरीब रोग है, मुझे कहीं भी किसी भी चीज़ में सुख नहीं मिलता।'

एक दिन यही सब सोचते-सोचते उसे थरथरी होने लगी।

सरोज वर्मा ने पूछा, ''ये काँप क्यों रहे हैं?''

उसने टालने की गरज से कहा, ''कँपकँपी आ रही है, इसलिए काँप रहा हूँ।''

''कँपकँपी आ रही है तो कोई दवा ले लें।''

'मेरी कँपकँपी की क्या दवा हो सकती है?' उसने सोचा और नतीजे पर पहुँचा कि नौकरी छोड़ देना उसकी कँपकँपी की दवा है, एंटीबायटिक है। वह नौकरी छोड़ देगा और कविताएँ लिखेगा। बैंक में तीन लाख रुपया जमा है, उसके सूद से घर चल जायेगा।

''कोई दवा मँगवाऊँ?''

''नहीं, उस दवा से मेरी कँपकँपी नहीं ठीक होगी। मेरी कँपकँपी ठीक होगी मेरे नौकरी छोड़ देने से। हाँ, मैं नौकरी छोड़ दूँगा।''

''आप पागल तो नहीं हो गये हैं? हे भगवान! इन्हें कुछ दिनों से क्या होता जा रहा है'' वह गहरी नींद में सो रही उजली को उठा लायी। उसे झिंझोड़ते हुए पति से बोली, ''इसका तो कुछ खयाल करिये। कैसे चलेगा घर का खर्चा?''

''बैंक में तीन लाख के ऊपर जमा हैं, उनके ब्याज से चलायेंगे हम खर्चा। वैसे भी जूनियर इंजीनियर का वेतन ब्याज की इस राशि से ज़्यादा नहीं होता है। अब तुम यह कह सकती हो कि हर साल इन्क्रीमेंट लगता है, बोनस मिलता है, उसका क्या होगा। इस पर मेरा जवाब है कि नौकरी छोड़ने के बाद भी मैं इधर-उधर से इतना ज़रूर कमा लूँगा जो बोनस और इन्क्रीमेंट की क्षतिपूर्ति करेगा।''

''नौकरी क्यों छोड़ रहे हैं, छोड़कर करेंगे क्या?'' वह बदहवास थी।

''नौकरी मैं आत्मिक शान्ति के लिए छोड़ना चाहता हूँ। नौकरी छोड़ने के बाद कविताएँ लिखूँगा। साथ ही कुछ उच्चकोटि के निबन्ध लिखने का भी मेरा इरादा है।''

"चूल्हे-भाड़ में जाये आपका इरादा।" वह सिसकने लगी। अचानक फुर्ती से उठी और उसका हाथ खींचकर उजली के सिर पर रख दिया, "उजली के सिर की कसम जो नौकरी छोड़िये।"

"कसम दिलाने से घटनाएँ घटित होना नहीं बन्द कर देतीं। फ़र्ज करो, तुम भारत के प्रधानमन्त्री या अमेरिका के राष्ट्रपति से कहो कि आपको आपके बच्चे की कसम जो इस पद पर रहें, तो क्या नतीजा निकलेगा? कसम दिलाने से वायु का चलना नहीं रुकेगा, नदी का बहना नहीं रुकेगा, अग्नि का जलना नहीं रुके... "

"और आपका नौकरी छोड़ना नहीं रुकेगा...अरे तीन लाख के ब्याज से खाते रहेंगे तो बड़ी होने पर उजली का ब्याह कैसे करेंगे? पाँच लाख तो आज ही डॉक्टर, इंजीनियर का रेट है।"

"उजली का विवाह दहेज देकर न होगा। वह प्रेम विवाह करेगी! यदि प्रेम नहीं करेगी, प्रेम करने से डरेगी तो उसको प्रेम और प्रेम विवाह के लिए मैं प्रोत्साहित करूँगा।"

"आग लगे आपकी बुद्धि को। ऐ सर्वशक्तिमान! हमारी रक्षा करो।" वह उजली को लेकर सोने चली गयी।

रात के 2-15 बजे थे और सरोज वर्मा बेटी के साथ सो रही थी। प्रमोद वर्मा ने उसे जगाया, "मैं टेपरिकॉर्ड बजा दूँ?"

"यही पूछने के लिए जगाया है?"

"वो बात नहीं है।" वह बहुत खुश दिख रहा था। उसने कव्वाली का एक कैसेट बजा दिया और बोला, "अब नौकरी नहीं छोड़ना चाहता। दरअसल मैं सस्पैंड होना चाहता हूँ इसके बड़े फ़ायदे हैं।"

उसके फ़ायदे बताये, "सस्पैंड होने पर दो-तिहाई वेतन मिलेगा। फिर लिख-पढ़कर वेतन के एक-तिहाई से ज़्यादा कमा ही लूँगा। दस से पाँच के चक्कर से छुट्टी मिल ही जायेगी।"

वह सस्पैंड होने के लिए उद्यत था। उसने निश्चय कर लिया था कि बॉस का सिर फोड़ देगा। नेता को गाली बक देगा। महिला शौचालय में घुस जायेगा। स्टेनो राधा अग्रवाल को आँख मार देगा। जैसे भी सम्भव हुआ, नए सस्पैंड होकर रहेगा। बस, वह आर्थिक भ्रष्टाचार के आरोप में सस्पेंड होने के लिए तैयार नहीं था। इसके पीछे कुछ उसकी सदाचारी जीवन जीने की इच्छा थी और कुछ उसका यह अनुभव था कि सरकारी कर्मचारी भ्रष्टाचार के कारण दंड नहीं स्नेह, सम्मान

का पात्र बन जाता है। तो इस प्रकार सस्पेंड होने के लिए उसके पास कोई सुसंगत और स्पष्ट रूपरेखा नहीं थी। बस, एक दृढ़ इच्छाशक्ति थी, जो उसे अपने लक्ष्य की दिशा में आगे बढ़ा रही थी।

उसने एक पैकेट सिगरेट और माचिस खरीदी। इसके पीछे उसका इरादा था कि इग्जीक्यूटिव इंजीनियर चरन साहब के सामने इसे पियेगा और धुआँ उनके मुँह पर छोड़ेगा।

वह कार्यालय में घुसा तो उसी समय सहायक अभियन्ता तिवारी स्कूटर खड़ा कर रहे थे। वह उनका अधीनस्थ था लेकिन नमस्कार नहीं किया, बल्कि घृणा से थूककर आगे बढ़ गया। सीधे जाकर चरन साहब की स्टेनो राधा अग्रवाल की मेज़ के सामने खड़ा हो गया। वह कोई फ़िल्मी पत्रिका पढ़ने में मशगूल थी, किसी तरह चेहरा उठाया। वर्मा बोला, ''हलो राधा, कैसी हो?''

इस शर्मीले आदमी की यह बेफिक्री देखकर वह चकित हो गयी। किसी तरह बोली, ''नमस्ते।''

''अरे हाथ मिलाइये। हमें भी तो कभी-कभी लिफ्ट दे दिया करिये।'' वह निर्लज्जता से हँसा। राधा अग्रवाल का चेहरा आधा क्रोध, आधा शर्म से लाल हो गया। उसको उसकी दशा में छोड़कर वह अपनी सीट पर आ गया। वहाँ उससे सम्बद्ध दो ठेकेदार बैठे हुए थे। वह बोला, ''एक-एक को डंडा कर दूँगा। बहुत हो चुका अब। चाहे सहायक अभियन्ता हो, अधिशासी अभियन्ता हो या ए.सी., सब सालों की ऐसी-तैसी कर दूँगा।'' उसने होंठ टेढ़े करके नथुने फूला लिये।

''वाह साहब! अब आये आप इंजीनियरी वाली लाइन पर। नहीं तो मास्टरों की तरह झेंपे-झेपे रहते थे।'' ठेकेदारों में से एक ने कहा।

दूसरा बोला, ''हम तरसते रह गये कि हमारे साहब भी किसी को पिटवाने-उठवाने को कहें तो हमारे भी हाथ की खुजली शान्त हो। अब लग रहा है कि हमारी ख्वाहिश पूरी होगी।''

सहायक अभियन्ता तिवारी का चपरासी पर्दा हटाकर घुसा, ''ए.ई. साहब बुलाये हैं। बोले हैं कि जल्दी पहुँचें।''

''अबे भाग यहाँ से, जाकर बोल कि उनके बाप का नौकर नहीं हूँ। जब फुर्सत मिलेगी तो आऊँगा।''

ठेकेदार तक सनाका खा गये कि ये चुपचाप रहने और शान्तिपूर्वक कमीशन खानेवाला इन्सान अगिया बेताल कैसे बन गया। एक माचिस उठाने के बहाने

वर्मा के करीब तक झुका और सूँघा! शराब की गन्ध न पाकर वह हैरान हो चला वर्मा के रौद्र रूप पर।

वर्मा ने पैर उठाकर मेज़ पर फैला दिये। उसके पैरों के पंजे ठेकेदारों के मुँह की तरफ़ थे। पंजों की चमड़ी साफ़ थी। लेकिन फटी हुई थी। एक ठेकेदार के हृदय में दर्शन भाव पैदा हो गया। उसने सोचा, 'मनुष्य कितना रहस्यमय होता है! किसी जीव में कब कौन रूप विद्यमान हो उठे, इसकी निश्चित भविष्यवाणी नहीं की जा सकती। जैसे यह वर्मा आज अकस्मात् इतना वीर, धाकड़ और निर्भीक हो जायेगा, क्या कोई कह सकता था?'

दूसरा ठेकेदार अपने साथी के इस आध्यात्मिक चिन्तन से असहमत था। उसकी धारणा थी कि निश्चय ही वर्मा को किसी माफिया बादशाह की छत्रछाया मिल गयी है अथवा किसी मन्त्री का वरद्हस्त।

ठेकेदार एक ने कहा, ''दोनों एक ही बात हैं। मन्त्री के वरद्हस्त का मतलब माफ़िया बादशाह की छत्रछाया है और माफ़िया बादशाह की छत्रछाया का मतलब मन्त्री का वरद्हस्त है।''

''एक-एक को डंडा कर दूँगा।'' वर्मा ने हुंकार भरी और मेज़ पर दाहिने पैर की एड़ी को हल्का-सा पटक दिया। ठेकेदार पशोपेश में पड़ गये कि यह वर्मा किसी और को डंडा करने के लिए गरजा है अथवा उनके ही ऊपर खफा हो गया है। वे इस मामले में उसके मन की टोह ले पाते कि इग्ज़ीक्यूटिव इंजीनियर चरन साहब का बुलावा आ गया।

वर्मा मुस्कुराया, 'अब वक्त आ गया है कि मैं सस्पैंड कर दिया जाऊँगा और मेरी तमन्ना पूरी होगी।'

उसने मेज़ पर से सिगरेट का पैकेट और माचिस ली। आगे बढ़ा तो लगा कि पेट में गैस फैल गयी है। खुश हो गया। दरवाज़े पर लात मारकर भड़ाक से घुसेगा और भीतर पहुँचने पर इस फँसी हुई गैस को सुरीली तान में छोड़ेगा। जब तान मद्धिम होने लगेगी तो मुँह में लगी सिगरेट देवानन्द हीरो की तरह हिलाते हुए खचाक् से तीली जलाकर सुलगा लेगा...।

शाम वह घर पहुँचा तो सरोज वर्मा उजली की उँगली पकड़े बाहर खड़ी इन्तज़ार कर रही थी। उसने उजली को सिखा रखा था कि पापा आयें तो पापा-पापा कहते हुए लिपट जाना। स्वयं उसने भी अच्छा नाश्ता बनाने की तैयारी कर रखी थी और निश्चित किया था कि वह पति को देखते ही एक मनमोहिनी मुस्कान मुस्कुरायेगी

और उसकी बाँह पकड़े हुए उसे घर में ले आयेगी।

दरअसल सरोज वर्मा को यह विश्वास हो गया था कि पाते प्रमोद वर्मा में इस बीच आये परिवर्तन की वजह गृहस्थी से उसका मन उचाट हो जाना है। ऐसी स्थितियाँ पुरुष को या तो साधु बना देती हैं या परायी औरत के पीछे मँडराता भौंरा। अभी तो प्रमोद वर्मा साधु बनने की दिशा में उन्मुख था किन्तु क्या ठिकाना, वह भौंरा बन जाये! इसीलिए उसने शाम को पति को देखते ही अमिट मुस्कान की ठान रखी थी। साथ ही प्रमोद वर्मा के भीतर वात्सल्य प्रवाहित करने के उद्देश्य से बच्ची को भी प्रशिक्षित कर डाला था।

घर के भीतर नाश्ता सजाकर उसने सामने रखा और उजली से बोली, "बेटी! जाओ, पार्क में थोड़ी देर खेल लो।" उजली के जाने के बाद वह प्रमोद वर्मा की गोद में बैठ गयी, "नाश्ते के बाद अपने आज के अनुभव सुनाने हैं आपको।"

झुँझलाहट से प्रमोद वर्मा की नसें तन गयीं, "देखो, मेरा इस समय का अनुभव तो यह है कि मुझे तुम्हारा यह प्रेम करने का तरीका अच्छा नहीं लग रहा है। चौंतीस की अवस्था में तुम चौबीस की अवस्थावाला प्रेम कर रही हो। तुम एक दशक पीछे चली गयी हो। तुम इतने दिन पत्नी की भूमिका निबाहने के उपरान्त कुँवारी प्रेमिका बनने चली हो। कृपया मेरे जंघे से उतर जाओ। उम्र में तुम मुझसे छोटी हो किन्तु आयतन और भार दोनों में कहीं मुझसे अधिक। 61 किलोग्राम का भार मेरी जंघा सह नहीं पा रही है। वैसे भी स्त्रियों के नितम्ब पुरुषों की तुलना में काफ़ी वजनदार होते हैं।"

"अच्छा, बाबा, लो।" वह माहौल को तनावपूर्ण नहीं बनाना चाहती थी, इसलिए हँसते हुए उतर गयी, "अच्छा, अब ऑफिस का अनुभव सुनाइये।" उसने बताना शुरू किया। सब कुछ बतलाने के बाद उसने वर्णन का उपसंहार निम्नलिखित शब्दों में किया, "मैंने सौ फीसदी तय कर लिया था कि इग्ज़ीक्यूटिव इंजीनियर के सामने घनघोर असभ्यता करूँगा और सस्पैंड कर दिया जाऊँगा, पर जैसे ही उसके कमरे के पास पहुँचा, थर-थर काँपने लगा। बोलते समय तालू सूख गया और जीभ लड़खड़ाने लगी। मैं रोज़ से भी ज़्यादा डरपोक, विनम्र और चापलूस बन गया। कमरे से बाहर आया तो लगा कि मेरे भीतर उड़नेवाला साहस का परिन्दा कहीं गायब हो गया है। यकीन मानो, पूरे दिन ऑफ़िस में...साइट पर मैं काम करता रहा। पर असल में मैं अपनी हिम्मत की लापता चिड़िया को ढूँढ रहा था।"

वह चिड़िया उसे मिल गयी थी। बड़ा साहब अपनी स्टेनो राधा अग्रवाल को

डिक्टेशन दे रहा था। प्रमोद वर्मा ने प्रतिदिन की तरह खड़ा रहने के बजाय कुर्सी खींची, वह भी भड़भड़ाहट के साथ, और बैठ गया जबकि दो सहायक अभियन्ता खड़े थे। उनमें उसका सहायक अभियन्ता तिवारी भी था। बड़ा साहब डिक्टेशन देना बन्द करके चिल्लाया, "ये क्या हरकत है?"

वह उससे भी अधिक गर्जना से चिल्लाया, "ये क्या हरकत है?"

बड़ा साहब बोला, "होश में हो?"

"देखो बड़ा साहब, ज़्यादा जोश में न आओ।" उसने सिगरेट सुलगायी और हाथ हिलाकर तीली बुझाते हुए राधा अग्रवाल को देखकर आँख मार दी, "अरे, कभी-कभी हमसे भी डिक्टेशन ले लिया करो।" राधा अग्रवाल इस तरह घबरा गयी कि नोटबुक को घुटनों के बीच दबाकर पेंसिल से पीठ खुजाने लगी। और दिन होता तो बड़ा साहब राधा अग्रवाल के घुटने के आस-पास या पीठ के आस-पास देखने लगता। थोड़ी देर देखने के बाद डाँटकर भगा देता पर आज उसने ध्यान नहीं दिया और प्रमोद वर्मा पर पिल पड़ा, "यह क्या बदतमीज़ी है? मैं अभी सस्पैंड कर दूँगा।"

"कहें तो सस्पैंड होने के लिए मैं प्रार्थना-पत्र दे दूँ?"

बड़ा साहब हाँफने लगा, "तुम्हारा ब्लडप्रेशर तो ठीक है न?"

"एकदम ठीक। मेरा रक्तचाप अधिकतम 120 और न्यूनतम 80 है। यह आदर्श रक्तचाप है, जिसे मैंने बिना किसी परहेज और अधिक नमक सेवन के बावजूद बनाये रखा है। हाँ, मैं कब्ज़ तथा वायु विकार का रोगी अवश्य हूँ।" यह कहकर वह बड़े साहव के सामने पड़ा पेपरवेट अपनी तरफ़ खींचकर उछालने लगा।

पेपरवेट द्वारा पिट जाने की आशंका से अथवा प्रमोद वर्मा के वायु विकार के प्रकट हो जाने के डर से बड़ा साहब शान्त होने लगा। वह इतना शान्त हुआ कि बोला, "पहले पानी पीजिये।" थोड़ी देर के अन्तराल के बाद कहा, "आप परेशानी में लगते हैं। हम आपके शुभचिन्तक हैं। अब देखिये, मैं सोच रहा हूँ कि महकमे की सबसे बड़ी सड़क आप ही बनवायें।" उसने प्रमोद वर्मा से हाथ मिला लिया। कमरे में उपस्थित सहायक अभियन्ता और खड़ी राधा अग्रवाल सभी स्तब्ध थे और सभी की निगाह में प्रमोद वर्मा का रौब कई गुना बढ़ गया था।

पूरे ऑफ़िस में प्रमोद वर्मा से लोग खौफ खाने लगे थे। उसके आगे-पीछे दुम हिलाने लगे थे। जिस शख्स ने बड़े साहब को सरेआम बेइज़्ज़त किया और उसके बदले में बड़ा काम पा गया हो, उसके क्या कहने! पन्द्रह मिनट की अवधि

ने उसे लोक निर्माण विभाग के इस कार्यालय का सन्नाम नेता बना दिया। उसका दिल टूट गया था। सस्पैंड होने की उसकी हसरत का अब क्या होगा? वह जिस दलदल से उबरना चाहता था, उसी में और धँस गया।

सस्पैंड होकर दो-तिहाई वेतन का मज़ा लेने का उसका सपना चकनाचूर हो चला था। उसे महसूस हो रहा था कि सुखी होना उसकी तकदीर में नहीं है। बहरहाल वह अभी परास्त नहीं हुआ था। उम्मीद की एक हल्की-सी कौंध थी कि एक-न-एक दिन सस्पैंड हो जायेगा। वह प्रयत्न भी कर रहा था। उसी क्रम में एक दिन राधा अग्रवाल के सामने पहुँचा और लोफ़रों की तरह पंजों के बल घूमकर बोला, ''राधा, मेरी जान, इरादे क्या हैं,'' इसके बाद उसने रंगीन रूमाल हवा में लहराकर झटके से नीचे कर लिया, ''एकदम कटार हो कटार।'' उसे आशा थी कि अब तो हर हालत में राधा अग्रवाल उसको चप्पलों से पीटेगी और एकदम ऊपर तक शिकायत करेगी। पर यह क्या, राधा अग्रवाल तो मुस्कुराने लगी, ''सर! आप बस खाली-पीली बातें करते हैं।'' वह भौंचक्का था, 'मैंने राधा अग्रवाल को समझने में भूल की। यह तो बदचलन है।' उसने निश्चय किया कि भविष्य में इसको बहिन जी कहा करेगा और मिलने पर नज़रें नीची करके करबद्ध नमस्कार करेगा।

अगले दिन वह कार्यालय शराब पीकर आ गया। आँखें लाल-लाल और चाल लड़खड़ाती। उच्च स्वर में लोगों को गालियाँ बकनी शुरू कर दीं। कुछ के बारे में कहा कि उन्हें गोली मार देगा। कुछ का गला काट डालने और कुछ को ठाँय से उड़ा देने की घोषणा की। रही-सही कसर उसने सहायक अभियन्ता तिवारी को झापड़ मारकर पूरी कर दी। इसके बाद ठेकेदार से दो दिन के लिए माँगे गये रिवॉल्वर से हवाई फायर किया और वापस घर लौट आया।

अगले दिन वह पूर्ण विश्वास के साथ कार्यालय पहुँचा। उसे पक्का यकीन था कि अब तो उसे सस्पैंड करने की कार्यवाही शुरू ही हो जायेगी। पर दुखद आश्चर्य कि कार्यालय में उसकी तूती बोल रही थी। बड़े साहब ने उसको कमरे में बुलाया, ''मैं तो सोच रहा था कि तिवारी की तरह मेहरोत्रा को भी पीटोगे। यार, उसे भी एक दिन चार झापड़ रसीद कर देते।''

सरोज वर्मा अति प्रसन्न थी कि पतिजी, कोशिशों के बावजूद सस्पैंड नहीं हो सके। वैसे ऊपर से वह अफ़सोस जताती, ''मैं तो भगवान से मनाया करती थी कि आप सस्पैंड हो जाते पर क्या करूँ, उसने सुनी ही नहीं। खैर, चिन्ता मत करें, आज नहीं तो कल सस्पैंड होकर रहेंगे।'' इसके बाद वह गुपचुप ढंग से भगवान

से निवेदन करती, ''माफ करना भगवान, मैंने झूठ बोला। तुम इन्हें कभी मत सस्पैंड होने देना। इनका तो दिमाग फिर गया है। एकदम सनक गये हैं। अब इस भक्तिन की लाज तुम्हारे ही हाथों में है प्रभु।''

प्रभु की कृपा से अथवा किसी अन्य वजह से प्रमोद वर्मा का मन नौकरी में लगने लगा। वह मनोयोग से निर्माण में मशगूल हो गया। सरोज वर्मा सन्तुष्ट थी। जिस प्रकार से महाशय सस्पैंड होने से नौकरी करने पर आ गये हैं, उसी भाँति कालान्तर में घूसखोरी पर भी लौट जायेंगे और जीवन की नैया बड़े मज़े से चलती रहेगी।

लेकिन ऑफ़िस में भरपूर असन्तोष पनपने लगा था...

प्रमोद वर्मा से सहायक अभियन्ता ने दस क्रेट व्हिस्की माँगी, ''बड़े साहब के बेटे की शादी के लिए चाहिए।''

स्वयं बड़ा साहब वर्मा से बोला, ''भाई खाने-पीने के मामले में कायस्थों से अधिक कौन जानता है। इसीलिए शादी के बाद रिसेप्शन के दिन खाने और 'पीने' का इन्तज़ाम तुम्हारे हवाले।''

''साहब! मैंने छोड़ दी है। न पीता हूँ न पिलाता हूँ राष्ट्रपिता महात्मा गाँधी ने मदिरा का अनेक पापों का मूल बताया है। जहाँ तक भोजन सम्बन्धी व्यवस्था का प्रश्न है, तो मैं कुछ उम्दा किस्म के कैटरर्स के बारे में जानकारी दे सकता हूँ जो लजीज खाने के लिए खासे मशहूर हैं, जैसे—नॉन वेजिटेरियन के लिए...''

''मज़ाक की बात छोड़ो वर्मा, सीरियस हो जाओ। यहाँ जे.ई. लोग लड़की तक सप्लाई कर देते हैं और तुम हो कि दारू और खाने के नाम पर नक़्शा पाद रहे हो!''

''देखिये, वे न जे.ई. होते हैं, न इन्सान। वे भड़ुवे होते हैं। वैसे किसी के गिरने की बात का क्या, आपकी ही पोस्ट पर बैठे एक बड़े साहब ने ट्रांसफ़र रुकवाने के लिए खुद अपनी ही बेटी सप्लाई कर दी थी...कृपया आप जान लें कि मैं प्रमोद वर्मा भड़ुवा-दलाल नहीं, इन्सान हूँ।''

और उस दिन तो विस्फोट ही हो गया। सड़क बनकर तैयार हो गयी। ऑफ़िस में प्रसन्नता की लहर दौड़ गयी। इग्ज़ीक्यूटिव इंजीनियर खुश था, सहायक अभियन्ता खुश था, एकाउंटेंट खुश था। कैशियर, क्लर्क, चपरासी सभी प्रसन्न थे कि कमीशन के रूप में मोटी धनराशि हाथ आयेगी। सभी ने अपनी हैसियत के मुताबिक अपनी पत्नी और बच्चों से खरीददारी का वादा कर रखा था। इग्ज़ीक्यूटिव इंजीनियर इस बात से भी आनन्दित था कि उसके इलाके से ए.सी. साहब, चीफ़ इंजीनियर,

इंजीनियर-इन-चीफ़ और मंत्री, सभी तगड़ी रकम काटेंगे और मस्त हो जायेंगे। वे आनन्द से झूम उठेंगे और उसको अधिक फलदार जनपद में स्थानान्तरित कर देंगे। बस, कनिष्ठ अभियन्ता प्रमोद वर्मा की रिपोर्ट मिलने की देर थी, उसके उपरान्त तो युद्ध स्तर की तैयारी से ठेकेदार का चेक कटना था और कमीशन का बँटवारा होना था। लेकिन कनिष्ठ अभियन्ता प्रमोद वर्मा की रिपोर्ट ने उनकी सारी खुशियों को तबाह कर दिया था। उसने लिखा था कि सड़क के निर्माण में अनुबन्ध की शर्तों की घोर अवमानना की गयी है। इसके साथ ही प्रतीत हुआ है कि प्रयुक्त सामग्री में भारी घपला हुआ है। यह सड़क कमज़ोर ही नहीं, दो कौड़ी की बनी है। इसके एवज में किया गया भुगतान जनता तथा सरकार के साथ विश्वासघात होगा।

सनसनी फैल गयी। लोकनिर्माण विभाग हैरत में था कि ऐसा भी हो सकता है।

एक लम्बे-अर्से बाद प्रमोद वर्मा शराब पी रहा था। सरोज वर्मा तवे पर कबाब सेंक रही थी। उजली गणित का सवाल हल कर रही थी। वह नशे में आने लगा था। गिलास उठाकर बेटी से बोला, "बिटिया, ये घूस की शराब नहीं है। मैं अपनी तनख्वाह के पैसे से लाया हूँ।"

तभी धाँय-धाँय...गोलियाँ थमीं तो बाहर से गालियों की आवाज़ें आने लगीं। दरवाज़ा भी ज़ोर-ज़ोर से पीटा जा रहा था, "निकल साले महात्मा गाँधी की औलाद..."

प्रमोद वर्मा, सरोज वर्मा, उजली—तीनों डबलबेड पर एक-दूसरे को पकड़े, साँस रोके सिमटे हुए थे! वे थरथरा रहे थे। बाहर से अब ईंट-पत्थर फेंके जाने लगे थे।...

इग्ज़ीक्यूटिव इंजीनियर ने ए.सी. साहब को कनिष्ठ अभियन्ता प्रमोद वर्मा को सस्पैंड कर देने का प्रस्ताव भेजा। ए.सी. ने चीफ़ को, चीफ़ ने इंजीनियर-इन-चीफ़ को लिखा। ठेकेदार के आग्रह पर मन्त्री ने भी इंजीनियर-इन-चीफ़ को आदेश दिया। इंजीनियर-इन-चीफ़ ने चीफ़ को, चीफ़ ने ए.सी. को, ए.सी. ने इग्ज़ीक्यूटिव इंजीनियर को भेजा कि उनके कार्यालय का कनिष्ठ अभियन्ता प्रमोद वर्मा सस्पैंड किया गया...

सरोज वर्मा पति से कहने लगी, "इससे तो अच्छा था कि आप इस्तीफा दे देते नौकरी से। चारों तरफ़ बेइज़्ज़ती हो रही है। रिश्तेदार हँस रहे हैं।"

"जो हँस रहे हैं, वे नीच हैं। नीच लोग ही दूसरों के कष्ट पर हँसते हैं। और हमें नीच लोगों की परवाह नहीं करनी चाहिए। जहाँ तक इस्तीफ़े का सवाल है तो पहले मैंने उसी मार्ग पर चलना चाहा था, लेकिन तुम ही गिड़गिड़ाने लगी थीं। वैसे यदि तुमको इस्तीफ़ा इतना ही प्रिय है तो मैं उसका रास्ता निकालता हूँ।"

सरोज वर्मा अवाक् रुआँसी-सी पति को देखने लगी। प्रमोद वर्मा ने अपनी बात जारी रखी, "हाँ, मैं अपने सस्पेंशन के खिलाफ़ कोर्ट से स्टे लाऊँगा। कोर्ट हर बात पर स्टे दे देता है। इस देश में एक दिन आयेगा जब हत्यारा हत्या करने और चोर चोरी करने के अपने अधिकार के पक्ष में स्टे लायेगा। मुझे तो सौ फीसदी स्टे मिलेगा। यह अलग बात है कि उसके फ़ौरन बाद मैं नौकरी से इस्तीफा देकर तुम्हारी मुराद पूरी कर दूँगा।"

वह काँप गयी, "नहीं?... नहीं, आप इस्तीफा मत दें। हमारे लिए सस्पेंशन ही उचित और लाभदायक है।"

प्रमोद वर्मा सन्तुष्ट हुआ, "और हाँ, तुम चिन्ता मत करो। मैं कल ही अपने एक सम्पादक दोस्त से मिलूँगा। उससे कहूँगा कि अपनी पत्रिका में मेरे साथ हुए अन्याय की खबर छापे और मुझे नौकरी दे दे। मैं लोकनिर्माण विभाग की चूलें हिलाकर रख दूँगा। पत्रकारिता लोकतन्त्र का सबसे आदरणीय तथा निर्भीक स्तम्भ है। मैं पत्रकार बनूँगा और समाज में भ्रष्टाचार के खिलाफ़ संघर्ष छेड़ूँगा।"

सम्पादक दोस्त ने गर्मजोशी के साथ स्वागत किया। गले लगा लिया था। उसके मुँह से भभका उमड़ पड़ रहा था। सूर्य अस्त होने के पहले ही दारू चढ़ाकर सम्पादन कर रहा था दोस्त।

"हाँ, तो क्या समस्या है?"

"समस्या नहीं, समस्याएँ हैं। एक, यह कि मैं सस्पैंड कर दिया गया हूँ। मेरे साथ हुए इस अत्याचार को अपनी पत्रिका के माध्यम से उजागर करिये।"

"उजागर हो जायेगा पर किसी अखबार में। पत्रिका में राष्ट्रीय-अन्तरराष्ट्रीय स्तर का भंडाफोड़ छपता है।"

"दूसरी बात, अब मैं खाली हूँ। मेरा लिखने-पढ़ने का अनुभव है ही। मैं अनुरोध करता हूँ कि आप अपने यहाँ मुझे काम दे दीजिये।"

"इसके बारे में कल बतलाऊँगा।"

अगले दिन उसने सम्पादक से मुलाकात की, "मेरी नौकरी का क्या हुआ?"

"मिल गयी तुमको।"

"कब ज्वाइन करूँ?"

"अभी से काम शुरू कर दो। पर हाँ, भई, एक बात इसी वक्त साफ़ कर दूँ कि हम एप्वाइंटमेंट लेटर नहीं दे सकेंगे।"

प्रमोद वर्मा खुशी से बोला, "धन्यवाद...धन्यवाद। नियुक्ति-पत्र न देने के

लिए धन्यवाद। कृपया किसी रजिस्टर पर मेरा नाम भी न दर्ज करायें।'' वह हँसते हुए चिल्लाया, ''श्रम कानूनों का उल्लंघन भी कभी-कभी कर्मचारी के लिए हितकारी हो जाता है।''

दोस्त क्रुद्ध हो गया, ''तो मुझ पर फब्ती कस रहे हो?''

''नही, नहीं, आपको गलतफहमी हो गयी। मुझे चाहिए ही नहीं नियुक्ति-पत्र। मैं एक सस्पैंडेड सरकारी मुलाजिम हूँ। कानूनी तौर पर दूसरी नौकरी करने से मेरे केस का कबाड़ा हो जायेगा।''

''ठीक है, जगमोहन से मिल लो, वह तुम्हारी सीट बता देगा।''

वह सम्पादक के कमरे से निकला तो सभी लोगों ने सामूहिक रूप से सवाल किया, ''एप्वाइंटमेंट-लेटर पाये कि नहीं?''

''नहीं, आप लोगों को मिला है क्या?''

''नहीं।''

''तो आप लोग भी सस्पैंडेड हैं क्या ?''

''मतलब?''

''कुछ नहीं...कुछ नहीं...'' वह सँभला।

उसने कुछ प्रसंग को बदलने तथा कुछ अपनी सीट पाने की गरज से पूछा, ''जगमोहन कहाँ है?''

जगमोहन के कान में दर्द था, वह हकीम के पास गये थे। इधर-उधर एक सीट अपेक्षाकृत नयी, खाली और साफ़ दिखायी पड़ी। उसने अनुमान लगाया, यही उसकी सीट है। वह बैठने के लिए नितम्ब नीचे झुका ही रहा था कि एक युवती आयी, ''कहिये, मेरी सीट पर क्यों बैठ रहे हैं?''

''मैं भूल गया था कि हर ऑफ़िस में युवतियों की सीट खाली और ऐसी होती हैं, जैसे उस पर कोई काम नहीं होता।'' वह उठ खड़ा हुआ।

वह पछता रहा था कि उसे उस सीट पर एक बार बैठ तो जाना ही चाहिए था। युवती सुन्दर है। उसके बैठने के स्थान पर बैठना कितना सुखद होता! उसने स्वयं को तसल्ली दी, किसी दिन चाहे देर तक ऑफ़िस में रहना पड़े, वह युवती की कुर्सी पर बैठेगा ज़रूर। जितनी जगह में वह बैठती होगी, ठीक उसी आयतन के भीतर धँस जायेगा ।

उसके हृदय ने धिक्कारा कि वह एक शादीशुदा इन्सान है। उसे इस प्रकार की कल्पनाएँ नहीं करनी चाहिए, क्योंकि इस प्रकार की कल्पनाएँ परायी स्त्री के

प्रति कामोद्दीपन पैदा करती हैं।

उसने कान पकड़ा, "मैं अपनी पत्नी को ही प्यार करूँगा और पराई स्त्री के प्रति कामोद्दीपन नहीं पैदा होने दूँगा।"

रात वह पत्नी से बोला, "मुझे लगता है कि अब मैं सुखी हो सकूँगा। मेरी ऊब के दिन गये। उत्साह-उमंग की नयी भोर मेरे जीवन की कुंडी खटखटा रही है।"

अगले दिन दफ़्तर में काम ज़्यादा था और जो था, उसे आज ही करना कोई ज़रूरी नहीं था। इसलिए वह कान कुलबुला रहा था। उसने सोचा, 'खुजलाने, कान कुलबुलाने इत्यादि में कितना आनन्द है, वह भी निः शुल्क।' तभी एक लड़की उसके सामने आ खड़ी हुई। उसने बिजली-सी फुर्ती के साथ कान से उँगली हटा ली। उसे महसूस हुआ, कान कुलबुलाने का आनन्द कितना क्षीण और तुच्छ है नारी-सौन्दर्य के सामने। लड़की बैठ गयी। वह 'विवाह के पहले प्रेम करना घातक है लड़कियों के लिए' शीर्षक का लेख छपाने आयी थी।

प्रमोद वर्मा बोला, "तो क्या विवाह के बाद प्रेम करना फायदेमन्द है लड़कियों के लिए? देखिये, इसका शीर्षक ठीक नहीं है। दूसरी बात मैं आपसे पूछना चाहता हूँ बशर्ते बुरा न मानियेगा कि क्या आप किसी से प्रेम करती हैं?

"नहीं।"

"पर आप इतने गर्व से क्यों इनकार कर रही हैं? यह इतनी घृणास्पद वस्तु नहीं है। वैसे यदि प्रेम नहीं करती हैं तो ज़रूर आप मुकेश के दर्द भरे गाने सुनती होंगी। लता मंगेशकर भी पसन्द होंगी। यदि घर की आर्थिक स्थिति ठीक हुई तो आप पेंटिंग या बागबानी करती होंगी, नहीं तो क्रोशिया और स्वेटर बुनने में प्रवीण होंगी।"

"मैं आपके सम्पादक से शिकायत करूँगी कि आप वाहियात इन्सान हैं।"

"देखिये, बहुत हुआ तो सम्पादक यहाँ से हटा देगा। मुझे कोई फ़र्क नहीं पड़नेवाला है, क्योंकि मैं लोकनिर्माण विभाग का एक सस्पैंडेड जूनियर इंजीनियर हूँ। मुझे दो-तिहाई वेतन मिलता है। इसके अतिरिक्त ऊपर की कमाई से मैंने बैंक में सम्मानपूर्ण धनराशि एकत्र कर रखी है और यदि शेयर बाज़ार का कबाड़ा न हुआ होता तो मैं ठीकठाक धनवान होता। पर मेरे कहने का तात्पर्य यह नहीं कि मैं पैसे का रुतबा दिखलाकर आपको प्रभावित करने की चेष्टा कर रहा हूँ। वैसे भी भारतीय मर्यादा की बेड़ियों ने मेरी रूमानी सम्भावनाओं को जकड़ दिया है। जी हाँ, मेरा विवाह कुछ साल पहले सम्पन्न हो चुका है और मैं एक बेटी का बाप हूँ। मैं उम्र के उस पड़ाव पर हूँ जहाँ दरवाज़े पर प्रेम नहीं, बीमारियों के

कोंपल फूटते हैं।''

लड़की हँस पड़ी, ''आपसे तो नाराज़ भी नहीं हुआ जा सकता। वैसे आपके ऑफ़िस छोड़ने का वक्त हो चुका है। हम बस स्टैंड तक साथ चल सकते हैं।''

दोनों कार्यालय से साथ निकले। दस कदम ही बढ़े होंगे, प्रमोद वर्मा खड़ा हो गया। लड़की भी ठिठक गयी, ''क्या है?''

''आपके बाल कितने लम्बे हैं! कुर्सी पर बैठीं थी तो पता नहीं लगता था। ये वाकई बहुत लम्बे हैं।''

लड़की को अच्छा लगा, ''मेरे बाल लम्बे तो हैं लेकिन घने नहीं हैं। यह काले भी नहीं हैं। सुनहले हैं।''

''सुनहले? यह तो बड़ी अच्छी बात है। सुनहले बाल तो परियों के होते हैं। संस्कृत साहित्य में ऐसी लड़कियों को मधुकेशी कहा गया है। जी हाँ, आप शहद जैसे बालोंवाली लड़की हैं, मधुकेशी।''

वे धीरे-धीरे चलने लगे। प्रमोद वर्मा अब गम्भीर हो गया था। रास्ते भर वह अपनी जिह्वा से बौद्धिकता की रस-वर्षा करता रहा। लड़की विभोर थी। वह हैरत में थी कि यह आदमी इतना मसखरा और इतना बुद्धिमान, दोनों कैसे है। लड़की ने अब तक न ऐसा मसखरा देखा था, न ऐसा बुद्धिमान। प्रमोद वर्मा था कि बोलता ही जा रहा था। तभी बस आयी और वह अद्भुत तत्परता से बस में चढ़ गया और हाथ हिलाकर टा...टा...ऽ करने लगा।

लड़की को दूसरी बस पकड़नी थी। उसकी माँ ने उसे रिक्शा के लिए पैसे भी दिये थे, इसलिए वह रिक्शा करने का भी मन बना रही थी। वह बस से गयी या रिक्शे से, यह प्रमोद वर्मा को मालूम न हुआ। वह बस में खड़ा-खड़ा बाहर के जड़ किन्तु गतिशील-से लगते पदार्थों को निहारता हुआ भीड़ के धक्के खा रहा था। उस समय उसकी चेतना में धक्के और ठेलमठेल विराजमान थे। उसमें लड़की नहीं, घर जल्दी पहुँचने की इच्छा हिलोरें मार रही थी।

घर पहुँचते-पहुँचते तो वह लड़की को भूल ही गया। कई दिन भूला रहा। वह इतवार की सुबह थी। वह नाश्ता करने के बाद काफ़ी देर पढ़ता रहा। फिर उसे अनुभव हुआ कि बैठ-बैठे उसका पेट फूल आया है। थोड़ी देर वह बेटी से इस आशय के साथ खेलता रहा कि उछल-कूद में उसका पेट पिचक जाये। होना क्या था, थोड़ी-सी वायु किसी प्रकार बाहर निकलती और उसका पेट पिचक जाता, पर वैसा नहीं हो पाया, तो उसने सोचा कि सिगरेट पीते हुए टहला जाये।

दुकान पर सिगरेट जलाकर उसने टहलना शुरू किया। थोड़ी ही दूर चला होगा कि वह लड़की जल उठी। उसे पता नहीं था कि कल से ही उसके भीतर वह थी? बस, अँधेरा होने के कारण दिखती नहीं थी। और इसी क्षण वह लड़की उसके हृदय में चलने लगी।

अगले दिन सुबह वह ऑफ़िस के लिए बस से उतरा तो फिर लड़की हृदय में चलने लगी।

शाम को वह लड़की उसके पास आयी, "कहिये, क्या हुआ मेरे लेख का, छापेंगे?"

"उस पर तो अभी विचार हो रहा है।" प्रमोद वर्मा ने कहा।

"आप सिर क्यों नहीं उठा रहे हैं?" प्रमोद वर्मा कुछ लिख रहा था।

उसने आँखें ऊपर की, "इसलिए कि आप बहुत सुन्दर हैं। सचमुच आप बहुत सुन्दर हैं। आपको जितना ही देखूँगा उतना ही मैं व्याकुल होता जाऊँगा। आप मेरी घनिष्ठ होतीं तो मैं कह देता, आप बुरका पहनकर आया करें। सचमुच आपको मैं देखता हूँ तो व्याकुल हो जाता हूँ।"

"आपसे मुझे ऐसी उम्मीद नहीं थी।"

"भविष्य में आपको मुझसे ऐसी ही उम्मीद करनी चाहिए। पहले मैं दृढ़ आत्मबल वाला था, लेकिन मैं महसूस करता हूँ कि मैं एक गिरा हुआ पतित इन्सान हूँ! आप यकीन मानें, मैं कोई नैतिकता का पुजारी नहीं हूँ। इस मौके पर यह स्वीकार करने में कोई हर्ज़ नहीं समझ रहा हूँ कि मैं आपको कमोबेश प्यार करता हूँ।"

इसी तरह वे एक रेस्तराँ में बैठे थे। प्रमोद वर्मा ने कहा, "आप अग्नि की तरह देदीप्यमान रहती हैं। सच कहता हूँ, जो छुये सो जल जाये।"

लड़की हँसी।

"विश्वास नहीं हो रहा है न! देखिये मैं आपको छूता हूँ और जल जाता हूँ।" उसने लड़की को छू लिया, "मैं जल गया। हाँ, मैं झुलस चुका हूँ। यदि आपमें अन्तर्दृष्टि होती तो देखतीं, मेरे भीतर धुआँ-ही-धुआँ भरा है। लेकिन मैं ऐसा जला हूँ कि निखर गया हूँ जैसे स्वर्ण निखर उठता है। हालाँकि मैं स्वर्ण नहीं, ताँबा हूँ, पीतल हूँ, बल्कि मैं टीन हूँ जो आपकी सोहबत में सोना बन गया।"

प्रमोद वर्मा इन दिनों काफ़ी मुदित था। उसे लग रहा था कि यही वह नेमत है, जिससे वह वंचित था और सुखी नहीं महसूस कर रहा था अपने को। लेकिन अब उसके पास खुशियाँ-ही-खुशियाँ थीं। वह लड़की से कहता भी, "आपको लगता

नहीं कि आप जब मुझसे मिलती हैं तो मैं कितना खुश हो जाता हूँ? मेरी आँखें कितनी चमक उठती हैं !" लड़की मुस्कुरा देती या हँस देती और वह बदस्तूर दीवाना हो जाता।

प्रमोद वर्मा के मित्र हैरत में थे कि कोई सस्पैंडेड मुलाजिम इतना प्रसन्न कैसे रह सकता है, जबकि सरोज वर्मा समझती थी कि यह प्रसन्नता नौकरी से मुक्ति पाने की आत्मिक सन्तुष्टि की द्योतक है। सरोज वर्मा को यह भी अच्छा लगता था कि पतिजी ने पिछले दिनों नियमित दंड बैठकों के माध्यम से तोंद पिचका ली थी और क्रोध कम करते थे। कुल मिलाकर सब कुछ प्रफुल्ल ढंग से व्यतीत हो रहा था। लग रहा था कि प्रमोद वर्मा पत्नी सरोज वर्मा की आँख में इसी प्रकार धूल झोंकता हुआ अनवरत प्रसन्न बना रहेगा, लेकिन एक दिन मामला हत्थे से उखड़ गया।

हुआ यह कि छुट्टी की दोपहर थी और उसने चावल ज़्यादा खा लिया था। उसके हाथ-पाँव सुस्त पड़ने लगे। शरीर भारी हो गया और नींद आ गयी। सोकर उठा तो पाया कि चावल पच गये हैं और उसे जुकाम हो गया है। घिनौने रूपवाला प्रगाढ़ जुकाम नहीं, बल्कि एकदम शुरू का मद्धिम और उदात्त जुकाम, जो मनुष्य को विकट त्यागी तथा गुरुगम्भीर बना देता है। उसमें दुख, प्रसन्नता, जीवन के प्रति दार्शनिक भाव पैदा करता है। ऐसे ही जुकाम के कारण धीरोदात्त बना, वह पैर हिलाते हुए सोच रहा था। सोचते-सोचते वह लड़की के बारे में सोच बैठा। लड़की के विषय में चिन्तन की प्रक्रिया के दौरान ही उसमें आत्मभर्त्सना का सोता फूट पड़ा, 'मैं इस चक्कर में पड़कर हास्यास्पद होने के लिए क्यों आमादा हूँ? उम्र के इस पड़ाव पर मैं छिछोरेपन की हरकतें कर रहा हूँ।' उसने थोड़ी देर पाँव हिलाये, 'मैं भी कैसा मनुष्य हूँ, लड़की के इतराने पर प्रेम-भरी आँखें नचाने पर, बात-बात पर 'धत् जाओ मैं नहीं बोलती' कहने पर, गाना गाने पर मुझे हँसी आनी चाहिए किन्तु मैं मोहित होता हूँ।'

वह बेचैनी से टहलने लगा, 'मुझमें तो इस लड़की के लिए वात्सल्य उमड़-घुमड़ पड़ना चाहिए था, लेकिन मैं शृंगार की डफली बजा रहा था। पके बाल, उन्नत तोंद, कठोर कब्ज़, अपरम्पार वायु विकार लिये हुए जब मैंने प्रणय निवेदन किया होगा तो कितना बड़ा मूर्ख और विदूषक लगा हूँगा!' उसका मन प्रेम से उचाट

होने लगा। कठोर कब्ज़ के स्मरण से उसे इन दिनों तेज़ी से सिर उठा रहे अपने फिश्चुला का स्मरण हो आया। वह कराह उठा 'यह फिश्चुला भी कितना मज़ाकिया रोग है। किसी को बताने में लज्जा आती है।' वह पीड़ा से बिलबिलाया, 'कितना कष्टकारी, घृणित और हँसोड़ रोग।' वह हँसने लगा। वह अपने रोग पर हँसा और उसमें साहस पैदा होने लगा। उसने रीढ़ सीधी करके स्वयं से कहा, "मैं अब हिम्मत से काम लूँगा। प्रेम को समाप्त करूँगा और लोगों को अपने फिश्चुला का परिचय दूँगा।" वह बाहर निकल गया। पड़ोस के चाचाजी दिखे, जो धार्मिक व्यक्ति थे, हमेशा बुझे-बुझे रहते थे। उसने चाचाजी से कहा, "नमस्कार, मुझे फिश्चुला हो गया है।"

"ये क्या होता है बेटा?"

"इसे हिन्दी में भगंदर कहते हैं, लेकिन दरअसल यह गुदा रोग है। इसमें मलद्वार के पास फोड़ा हो जाता है...।"

चाचाजी बेसाख्ता हँसने लगे।

उसने कुछ दूसरे परिचितों को बतलाया कि उसको फिश्चुला है, तो वे भी दिल खोलकर हँसे। उसे आश्चर्य हुआ कि ये हमेशा मुँह लटकाये रखने वाले संतप्त लोग थे, इतना हँस कैसे रहे हैं? उसको अपने फिश्चुला पर गर्व महसूस हुआ। यह दुखी, पीड़ितों, रो रहे लोगों को हँसा सकता है। उसने निश्चय किया कि वह इस मूल्यवान फिश्चुला को परेशान समुदाय को हँसाने का माध्यम बनायेगा। वह थोड़ी देर के लिए ही सही, लोगों को फिश्चुला के ज़रिये खुशी प्रदान करेगा।

घर में आकर पत्नी से बोला, "मुझे फिश्चुला है!"

"तो कौन-सी नयी बात है! वह तो है ही।"

"वही तो मैं भी कह रहा हूँ कि मुझे फिश्चुला है।" वह गुनगुनाने लगा, "मुझे फिश्चुला है, फिश्चुला है...फिश्चुला है।"

सरोज वर्मा भी हँसने लगी। पत्नी के चेहरे पर यह हँसी उसे बड़ी ही पवित्र तथा मनोरम लगी। वह उसके प्रति असीम करुणा से भर उठा।

अगले दिन उसने ऑफ़िस फ़ोन कर दिया कि वह देर से पहुँचेगा। उसके बाद वह अपने पुराने ठिकाने लोकनिर्माण विभाग पहुँच गया। वह वहाँ बहुत दिन बाद गया था, सहकर्मी पूछने लगे, "क्या हाल है वर्माजी !"

'मज़े में हूँ। फिश्चुला हो गया है आराम से दिन कट रहे हैं।"

"ये फिश्चुला क्या बला है?"

“हिन्दी में इसे भगंदर कहते हैं, लेकिन दरअसल यह गुदा रोग है...”

सब ‘हो...हो...हो...’ कर हँसने लगे। उसे सन्तोष हुआ और अपने कमरे में आया, जहाँ वह बैठता था। उसकी कुर्सी खाली थी। उसने उसे विरक्ति से देखा, ‘इसी पर मैं इतने वर्षों से बैठ रहा था और मुझे फिश्चुला हो गया। मेरे फिश्चुला की जननी है यह कुर्सी।’ उसे तकलीफ़ हुई और दीवार पर टेक लगाकर झुक गया। बर्दाश्त नहीं हुआ तो टॉयलेट में घुसा और तकलीफ़ से ऐंठ गया।

वह बाहर निकला तो इग्ज़ीक्यूटिव इंजीनियर चरन साहब आते दिखे। उन्होंने पूछा, “कहो वर्मा, कैसे हो?”

“बस साहब, ठीक हूँ। आजकल फिश्चुला हो गया है।” साहब मुस्कुरा उठे।

सम्पूर्ण लोकनिर्माण विभाग का वातावरण मनोरंजनमय हो गया था। लेन-देन, बेईमानी-चोरी के अहर्निश चक्कर में कुटिल बन गये वहाँ के कर्मियों के चेहरों पर फिश्चुला ने सहज हास ला दिया था। अर्से बाद इस महकमे में लोग निःस्वार्थ भाव से खुश हुए थे।

जब वह पत्रिका के दफ़्तर पहुँचा तो दोपहर हो चुकी थी और सम्पादक लंच कर रहा था। वह उसके सामने खड़ा हो गया।

सम्पादक ने सिर उठाया और खाते-खाते पूछा, “कुछ काम है क्या प्रमोद?”

“जी हाँ, बात दरअसल यह है कि मैं रिपोर्टिंग में काम करना चाहता हूँ। अब डेस्क के काम से मुक्त करिये मुझको।”

“इसलिए कि मुझको फिश्चुला हो गया है, जिससे बैठने में मुझे दिक्कत होती है।”

वह साथियों के बीच हाज़िर हुआ। सब कम वेतन, असुरक्षित भविष्य के शिकंजे में जकड़े दीनहीन, धकियाये हुए, मुरझाये व्यक्तित्व थे। लंच में रोटी-सब्जी खाकर इस प्रतीक्षा में शान्त बैठे थे कि कहीं से चाय की व्यवस्था हो जाती।

प्रमोद वर्मा ने घोषणा की कि वह सबको चाय पिलाना चाहता है।

“क्यों भई, नौकरी बहाल हो गयी है क्या?”

“नहीं, फिर भी यदि वैसा हुआ तो वह मेरे लिए हर्ष नहीं, विषाद का विषय होगा। मैं नौकरी में अट्ठावन साल बाद एक्सटेंशन तो चाहता हूँ लेकिन हमेशा सस्पैंड बने रहने की कामना है मेरी। इस परिस्थिति में एक अप्रतिम आनन्द है।”

“फिर क्या बात है, जो इतना चहक रहे हो?”

“मुझे फिश्चुला हो गया है। हिन्दी में इसे भगंदर कहते हैं, लेकिन दरअसल

यह गुदा रोग है..."

हँसते-हँसते लोट-पोट हो गये सब। उन्हें मज़ा लेने का एक शस्त्र मिल गया। लोग उससे पूछते, "कहिये प्रमोदजी, आपके फिश्चुला का क्या हाल-चाल है?"

वह कहता, "बढ़िया है...बढ़िया है...मज़े में है वह।"

उसने सम्पादक से फिर कहा था कि बैठने से फिश्चुला दब जाता है और असह्य वेदना होने लगती है, इसलिए उसे रिपोर्टिंग में लगा दिया जाये।

सम्पादक ने ठहाका लगाते हुए कहा था, "विचार करूँगा।"

वह मन मसोसकर बैठा था कि जाने कब विचार का क्रियान्वयन होगा। वह फिर सम्पादक के कमरे में गया, "मेरा फिश्चुला दर्द कर रहा है। मुझे आज की छुट्टी दे दीजिये।"

वह बाहर सड़क पर खड़ा रिक्शे का इन्तज़ार करने लगा। दूसरी दिशा से एक रिक्शा आकर खड़ा हुआ। उसमें से लड़की उतरने लगी। उसने उससे वहीं रहने का इशारा किया और खुद उसकी बगल में जा बैठा।

रिक्शे ने दोनों को एक रेस्तराँ के सामने उतार दिया। वे कोने की टेबल घेरकर आमने-सामने बैठे। प्रमोद वर्मा ने लड़की को देखा। लड़की आज चुस्त और चमकदार कपड़े पहने थी। उसके उभरे हुए प्रकट वक्ष मन-विचलनकारी लग रहे थे। कसी हुई जाँघों ने भी उसे डाँवाडोल बनाया। वह खड़ा हो गया, "मैं आपकी बगल में बैठना चाहता हूँ।" जाकर बैठ गया। लड़की थोड़ा दूर खिसकी। वह पास खिसका। उसने लड़की के हाथ देखे। वे खुले थे, गोरे थे, पर उन पर अवांछित बाल थे। उसे शंका हुई, कहीं लड़की के हल्की-फुल्की मूँछें तो नहीं हैं? उसने सोचा, 'हो सकता है, लड़की के पेट और पीठ पर बाल उगे हों।' वह वितृष्णा से भर उठा, "मैं जहाँ बैठा था, वहीं बैठूँगा।" वह सामने जाकर बैठ गया। खुद को धिक्कारा, "आज कामदेव ने अपना बाण चला दिया था, किसी तरह बच सका हूँ। उसमें लड़की के मामले में दुबारा आत्म-भर्त्सना तथा आत्म-व्यंग्य की प्रक्रिया प्रारम्भ हो गयी। अन्ततः वह लड़की को लेकर मज़ाकिया भावों से सराबोर हो गया। लड़की की कुछ हरकतों की कल्पना की, और हँस पड़ा।

"आप हँस क्यों रहे हैं?"

"कुछ नहीं, बस, ऐसे ही।"

"अपना हाथ लाइये, मैं ज्योतिष से बता दूँगी, क्यों हँसे?"

लड़की ने हाथ पकड़कर नाटकीय ढंग से कहा, "इसलिए हँसे जनाब कि

आपका वेतन बढ़नेवाला है।''

''बहुत सही बताया आपने।''

''और कुछ पूछना हो तो पूछ लीजिये।''

''पूछूँ?''

''हाँ...हाँ...''

''तो बतलाइये,'' वह फिर हँसा, ''मेरा फिश्चुला कब ठीक होगा?''

''ये क्या होता है?''

''फिश्चुला को हिन्दी में भगंदर कहते हैं। दरअसल यह गुदा रोग है। इसमें मलद्वार पर फोड़ा...''

''बस...बस...करिये...'' लड़की खिसिया गयी।

''इसमें शरमाने की कोई बात नहीं है। मल-मूत्र विसर्जन समाज के सभी प्राणी करते हैं। आप यकीन मानिये, मुझे फिश्चुला हो गया है। यह कोई खतरनाक बीमारी नहीं है पर इसमें दर्द बहुत होता है। खासकर बैठते समय। बैठने में भी दीर्घशंका समाधान के साथ ज़्यादा। फिश्चुला की एक विशेषता यह होती है कि यह ऑपरेशन के उपरान्त ठीक हो जाता है किन्तु अमूनन यह कुछ दिनों बाद फिर हो उठता है। कभी-कभी तो ऑपरेशन के बावजूद इन्सान जीवन-भर फिश्चुला का शिकार बनकर तड़पता रहता है। हाँ, तो अपनी ज्योतिष विद्या के आधार पर बतलाइये कि मेरा फिश्चुला कब ठीक होगा? और ठीक होने के बाद फिर तो नहीं उभर आयेगा?''

लड़की ने कानों में उँगली ठूँस रखी थी। चेहरा घबराहट और शर्म से, बेहाल था। उसे प्रमोद वर्मा फूहड़ तथा क्रूर लग रहा था। वह रुआँसी हो गयी। रोते हुए उठी। पर्स लेकर तेज़ी से भाग गयी। वह मुस्कुराया पर अचानक बुझ गया। वह उदास हो चला। उचाट आँखों से आस-पास को देखा। पैसा चुकाकर बाहर निकल आया।

घर आते-आते वह असहनीय कष्ट से घिर गया था। फिश्चुला मर्मान्तक हो चला था। लगता था कि इस यातना से बेहतर प्राण त्याग देना होगा। वह चारपाई पर गिर पड़ा। उसके होंठ भिंचे हुए थे। शरीर की समस्त शक्ति दर्द को बर्दाश्त करने में खर्च हो रही थी। वह काला पड़ता जा रहा था। सरोज वर्मा धीरे-धीरे उसका सिर सहला रही थी। वह लाश की तरह लेट गया और हाँफने लगा। सरोज वर्मा उसकी पैंट का बैल्ट खोलने लगी। पैंट उतारकर उसे लुंगी पहनायी।

''दवा लगा दो।'' प्रमोद वर्मा कराहा।

सरोज वर्मा ट्यूब से मलहम निकालकर उसके फिश्चुला पर आहिस्ता-आहिस्ता मलने लगी।

प्रमोद वर्मा ने कराहते हुए निराशा से कहा, "ऑपरेशन कराना ही पड़ेगा।"

ऑपरेशन के बाद फिश्चुला फिर उदित हो गया था। पूर्व फिश्चुला की तरह ही नृशंस था यह। प्रमोद वर्मा तकलीफ़, जुगुप्सा और डर की भावनाओं से घिरा हुआ था। उसे यह दुख भी था कि फिश्चुला मनोरंजक नहीं रह गया था। उसके ज़िक्र पर लोग अब हँसते नहीं थे। लोग उसकी बीमारी पर न सहानुभूति प्रकट करते थे, न हँसते थे। दरअसल फिश्चुला अपनी सृजनात्मकता खो चुका था।

प्रमोद वर्मा अब फिर पहले जैसा हो गया था। घर में पैर हिलाते हुए शून्य में ताका करता था अथवा ऊटपटाँग हरकतों में लिप्त रहता था। उसे इस बात का अफसोस था कि इतने दिनों के बाद भी गाड़ी वहीं-की-वहीं है। वही क्षोभ और ऊब, वही नीरस और बेस्वाद ज़िन्दगी। सुख की शाश्वत अनुभूति तो दूर, उसकी झलक-भर से वह वंचित था। वह अपने बाल नोचता, "कैसे मैं सुखी रहूँगा?" हताशा से भर जाता था, "क्या मैं कभी सुखी नहीं हो सकूँगा?"

सरोज वर्मा जीवनसाथी के अजीबोग़रीब कारनामों का अवलोकन कर रही थी। वह डरी हुई थी कि सुख की तलाश में उसका पति पागल न हो जाये या वैराग्य न धारण कर ले, वरना उसकी भरी जवानी का क्या होगा? बच्ची का क्या होगा?

प्रमोद वर्मा एक दिन नहाकर निकला तो सरोज वर्मा नाश्ता लगाकर इन्तज़ार करने लगी। देर तक न आने पर वह दूसरे कमरे में घुसी। देखा, वह एक चटाई पर पालथी मारकर आँखें मूँदे बैठा है। नाश्ता ठंडा होकर ऐंठ गया, तब वह खड़ा हुआ, "इसे ध्यान कहते हैं। इसको समुचित ढंग से करने पर सांसारिक विषयों का शमन हो जाता है और मनुष्य को सुख से भी बढ़कर 'आनन्द' की अवस्था प्राप्त होती है।"

सांसारिक विषयों से पीछा छुड़ाने की बात पर सरोज वर्मा को पुनः अपनी भरी जवानी का खयाल आया। उसने उसे बाँहों में जकड़ लिया और चुम्बनों की बौछार करते हुए अपने वक्ष के मीठे दबाव से उसके वस्त्रहीन बदन को धकेलते हुए शयनकक्ष में ले गयी...

शयनकक्ष में प्रमोद वर्मा का तौलिया अकेला, निस्सहाय, परित्यक्त पड़ा हुआ

था और प्रमोद वर्मा को लग रहा था।...यही सुख है...आनन्द है...इससे बड़ा... इसके अलावा दूसरा कुछ भी नहीं है...।

थोड़ी देर की खामोशी के बाद सरोज वर्मा पलटी। उसको अपनी तरफ़ खींचा। उसकी छाती पर सिर रखकर सुबकने लगी। फिर अचानक उसे झिंझोड़ने लगी। पल-भर भी न बीता होगा, वह बेतहाशा चूम रही थी, ''क्या अभी-अभी जो था, वह सुख नहीं था...सुख नहीं था...बोलो...?''

''सुख नहीं था। वस्तुतः वह सुख नहीं था, सुख का छलावा था। यह कितना पल-भर के लिए था। सुख या आनन्द क्षणभंगुर नहीं होता है। संभोग के सुख से अधिक स्थायित्व तो पूर्व फिश्चुला की दशा में था।''

लेकिन इस विवाद ने प्रमोद वर्मा में नामालूम कैसी रासायनिक क्रिया कर दी कि अगले दिन से जब भी वह ध्यान के लिए बैठता, उसको संभोग-सुख की याद आने लगती। रति-क्रिया के विभिन्न बिम्ब उसके ध्यान का पटरा कर देते। थककर उसने निर्णय लिया, भोग में ही वास्तविक सुख है। बिना विलम्ब किये बैंक से धन निकाला और अनाप-शनाप खर्च करने लगा। वह बेमतलब दो महानगरों की यात्राएँ कर आया, जहाँ उसने कैबरे देखा था और जुआ खेला था। लोकनिर्माण विभाग वाले उससे तीन महँगी दावतें पाकर हतप्रभ थे। सहायक अभियन्ता तिवारी का कथन था कि उसकी ज़रूर कोई लॉटरी निकली है, जबकि बड़े साहब चरन साहब का मत था कि वह किसी बड़े तस्कर गिरोह का सदस्य बन गया है। ठेकेदारों की सामूहिक राय थी कि उसको अथाह गढ़ा धन हासिल हुआ है। वह इन टिप्पणियों से बेपरवाह पैसे लुटा-लुटाकर गुलछर्रे उड़ा रहा था और बिना नागा प्रतिदिन सरोज वर्मा के साथ सहवास कर रहा था।

सरोज वर्मा उस समय सन्नाटे में आ गयी, जब प्रमोद वर्मा ने उससे आग्रह किया, ''चलो, नाचा जाये,'' जबकि नृत्य कला में दोनों ही अज्ञानी थे।

प्रमोद वर्मा नाचने के नाम पर बस अपने हिप हिला रहा था और सरोज वर्मा राजाओं को हवा देने वाले चँवर की तरह टुटरूँ-टूँ डोल रही थी।

नाचते हुए प्रमोद वर्मा को महसूस हुआ, ''मैं क्या चुतियापा कर रहा हूँ।'' वह कुर्सी पर बैठकर हाँफने लगा, ''नहीं...नहीं...इन सबमें सुख नहीं है...''

''मैं भी सोचती थी कि जब नाचना आता ही नहीं तो फिर नाचने में सुख कैसा!''

प्रमोद वर्मा ने विरक्ति से देखा, ''मैं केवल नाचने की बात नहीं कह रहा

हूँ। मैं कह रहा हूँ कि भोग में सुख नहीं है।''

''तब किसमें है?'' सरोज वर्मा झुँझला गयी।

''शायद त्याग में।''

''तो अपना फिश्चुला क्यों नहीं-त्याग देते?'' वह चिढ़कर बोली।

''फिश्चुला को त्याग सकना मेरे वश में नहीं है, लेकिन तुम्हें त्याग सकना मेरे वश में अवश्य है।''

सरोज वर्मा की रूह फ़ना हो गयी। वह सो रही उजली को छाती से लगाकर एकान्त में देर तक रुदन करती रही। असुरक्षा-बोध ने उसे इतना जकड़ा कि वह गंडे-ताबीज़ के चक्कर में फँसने का निश्चय कर बैठी।

लेकिन प्रमोद वर्मा पर किसी चीज़ का असर नहीं हो रहा था। हाँ 'त्याग' से जल्दी ही उसकी आस्था उखड़ गयी थी, किन्तु वह एकान्तवास और मौन पर अटक गया था। वह कहता, ''शब्द में ऊर्जा है। मौन अनन्त ऊर्जा का भंडारण करता है। जब भंडारण यथोचित हो चलेगा तो सुख-ही-सुख होगा।''

बाद में 'मौन' से भी नाउम्मीद होकर वह वाचालता और मिलनसारी में रम गया था। उसका तर्क था, 'ये इन्सान क्या हैं, ईश्वर की सन्तानें हैं। इन्हीं में घुलने-मिलने से सुख की उपलब्धि होगी!' अब वह घर से जल्दी निकल जाता और देर से आता। पत्रिका कार्यालय में वह मौका मिलते ही लोगों से गप्प लड़ाने लगता था। पत्रिका कार्यालय बन्द होने के बाद वह लोगों से मुलाकात करने निकल पड़ता था। कभी किसी के घर, कभी किसी के घर। नतीजतन उसका दाम्पत्य जीवन विस्फोटक होने लगा था। भोगवाले दिनों की समाप्ति के पश्चात् सरोज वर्मा पति के साथ घूमने नहीं निकल पायी थी। उजली भी पापा के साथ घूमने के लिए ठान बैठी थी। अतः सरोज वर्मा ने तय किया कि वह पति से दुखड़ा कहकर रहेगी। कोई तुक होती है घर से बाहर रहने की!

मगर उस दिन अप्रत्याशित रूप से प्रमोद वर्मा पत्रिका कार्यालय से सीधा घर आ गया। थका-बुझा-सा...हारा...हारा-सा।

''क्या बात है?'' सरोज वर्मा उसके बालों को दुलारने लगी।

''देखो, मेरे बाल मत खींचो। ये वैसे ही बुरी तरह टूट रहे हैं। वैसे भी जानती हो कि मुझको प्यार-मुहब्बत के ये चोंचले अच्छे नहीं लगते हैं। रही बात कि बात क्या है तो मैं क्या बताऊँ कि बात क्या है।''

रात को बतायी उसने बात। खाने की मेज़ पर उसने कहा, ''सरोज, मेरा

खाने का मन नहीं है।''

''थोड़ा-सा खा लो पापा।'' उजली ने भी आग्रह किया।

''नहीं बेटे, मन नहीं है।''

मेज़ पर बड़ी देर तक मौन बैठा रहा।

प्रमोद वर्मा बोला, ''सरोज, मैं क्या करूँ? मेरा मन नहीं लगता किसी चीज़ में। मुझे लगता है कि मुझे कुछ चाहिए। क्या है वह, जो मुझे चाहिए, यह मुझे पता नहीं है। सरोज, मैं सुखी नहीं हूँ। मेरी आत्मा अक्सर मुझको मथती है और मैं परेशान हो जाता हूँ। वाकई मैं सुखी नहीं हूँ। मैं क्या करूँ सरोज?''

सरोज वर्मा ने सोच-विचार के बाद कहा, ''किसी बूढ़े-बुज़ुर्ग से पूछो।''

वह खुश हुआ, ''वाह, सरोज!'' वह उजली को उछालने लगा, ''मुझे पहले क्यों न सूझी, बिटिया?''

अगले दिन पत्रिका कार्यालय में घुसते ही सम्पादक के पास पहुँचा, ''एक काम था।''

सम्पादक बोला, ''छुट्टी चाहिए न, फिश्चुला बढ़ गया क्या?''

''नहीं, मुझे यह जानकारी चाहिए कि इस शहर में सबसे अधिक उम्र का व्यक्ति कौन है।''

''वाह! इस शहर में सबसे अधिक उम्र की एक बुढ़िया है, जो एक सौ बारह साल की है। वह नदी-किनारे रहती है और उसके दाँत अभी टूटे नहीं हैं। लोग कहते हैं कि वह बच्चों का टोना उतारती है। कोढ़, मिर्गी के मरीजों को छू देती है तो वे ठीक हो जाते हैं। अर्धरात्रि में उसके श्मशान घाट जाने के बारे में भी बताया जाता है।''

''एक निवेदन और, मुझे आज की छुट्टी दे दीजिये।''

''क्यों, तुम्हारा फिश्चुला तो बढ़ा नहीं?''

''फिश्चुला की बात नहीं है। मुझे एक सौ बारह साल की बुढ़िया से मिलना है, जो नदी-किनारे रहती है और जिसके दाँत अभी टूटे नहीं हैं।''

वह बुढ़िया से मिलने चला जा रहा था, तभी एकाएक, कई दिनों बाद लड़की टकरा गयी। दोनों इस तरह आमने-सामने हुए कि कतराने का विकल्प बचता ही नहीं था।

''कहाँ जा रहे हैं आप इतनी तेज़ी में?'' लड़की ने ही शुरुआत की।

''मैं एक सौ बारह साल की बुढ़िया से मिलने जा रहा हूँ।''

“अब बुढ़िया से ही मिलना रह गया है।”

“मैं तुम्हारी इस बात का जवाब देता, पर ज़रा जल्दी में हूँ।”

“और आपकी तबियत कैसी है?” लड़की गलत सवाल कर बैठी।

“ऑपरेशन के बाद फिर उभर आया है फिश्चुला।” वह मुस्कुराया, “यह आपको मालूम ही होगा कि इसे हिन्दी में भगंदर कहते हैं। यह गुदा रोग है...”

लड़की शर्म से पसीना-पसीना हो गयी।

“तबियत के बारे में पूछने के लिए धन्यवाद।” वह एक सौ बारह साल की बुढ़िया से मिलने के लिए आगे बढ़ गया, जो नदी-किनारे रहती थी और जिसके दाँत अभी टूटे नहीं थे।

बुढ़िया नदी-किनारे रहती थी और सचमुच उसके दाँत टूटे नहीं थे। सबसे बड़ी बात, उसके हाथों में ताकत और आँखों में रोशनी थी। वह पीढ़े पर बैठी किसी लकड़ी से अपनी पीठ खुजला रही थी।

कुछ कोढ़ी और कुछ मिर्गी के मरीज कमरे में बैठे बुढ़िया को निहार रहे थे। इक्का-दुक्का बच्चे भी अभिभावकों के साथ आये थे। सब बुढ़िया को बुढ़िया कह रहे थे। गोया बुढ़िया को यह सम्बोधन बहुत पसन्द था।

पीठ खुजला चुकने के बाद बुढ़िया ने पानी पिया। फिर वह गुनगुनाने लगी। किसी पुराने लोकगीत की धुन थी।

प्रमोद वर्मा ने आवाज़ दी, “बुढ़ियाजी, नमस्कार।”

बुढ़िया ने हिकारत से कहा, “जा...जा...उस कोने में बैठ।”

थोड़ी देर बाद वह पीढ़े से उठी। कमर कमान जैसी झुकी थी। वह एक-एक के पास जा रही थी। उसका सिर सहला रही थी। स्पर्श कराने के बाद लोग बाहर हो जा रहे थे। आखिर में सिर्फ़ वह बचा। बुढ़िया उसके पास आयी, “बोल, तुझे कोढ़ है कि मिर्गी?”

प्रमोद वर्मा घबराया, “मुझे न कोढ़ है, न मिर्गी। मुझे फिश्चुला है। पर मैं यहाँ इलाज कराने नहीं, कुछ पूछने आया हूँ।”

वह कमर पर हाथ रखकर सिर हिलाने लगी। जाकर फिर पीढ़े पर बैठ गयी और हाँफने लगी। हाँफ चुकने के बाद गरजी, “बोल, क्या पूछता है?” “बुढ़िया, मैं सुखी नहीं हूँ। किसी चीज़ में मन नहीं लगता। भटकता रहता है मन। हमेशा खाली-खाली महसूस करता हूँ। उदास रहता हूँ। बुढ़िया, मैं बहुत परेशान हूँ। कई महीनों से सुख खोज रहा हूँ। जगह-जगह ढूँढा। भाँति-भाँति ढूँढा, पर वह मिल

नहीं रहा है। बता बुढ़िया, मैं सुखी कैसे हूँगा?"

बुढ़िया बड़ी देर सोचती रही। सोचती रही और आँखें मुलमुलाती रही। अचानक तमतमाकर खड़ी हो गयी, "हुँह, बड़ा चला है सुखी होने! बोल बेवकूफ़, कभी तू दुखी हुआ है? बोल, कभी सच्चे मन से दुखी हुआ है?"

प्रमोद वर्मा को लगा, बेहोश हो जायेगा। हथेलियों में सिर थामकर बैठ गया।

"मैं आज तक दुखी नहीं हुआ।" वह पसीना-पसीना हो गया। हल्का-हल्का काँप भी रहा था।

"दुख का मतलब जानता है मूरख? फोड़ा-फुंसी, बुखार-बेरागी या बीवी-बच्चों को डाँट देने से होने वाला दुःख नहीं, हमेशा चौबीस घंटों का दुख। हमेशा आत्मा को मथते रहने वाला दुख। सुख को खोजेगा तो अपने को छलेगा। दुखी बन।"

वह बाहर आया। बीहड़ बरसात हो रही थी। बादल बिजली की चमक के साथ गरज रहे थे। तेज़ हवा थी। पेड़-पौधे ज़ोर-ज़ोर से झूम रहे थे। वह भीगते हुए चल पड़ा।

वह जल्दी-से-जल्दी दुखी होने का यत्न कर रहा था। वह गरीबों की बस्ती में गया, अस्पताल, अनाथालय गया और विधवाश्रम भी हो आया। पथरीली ज़मीन वाले इलाके में अकाल का हाहाकार था, वहाँ भी पहुँचा था। सब जगह दुख था। महँगाई, दंगा, बेटे की नौकरी, बेटी के ब्याह के चंगुल में फँसे लोगों का वह गौर से मुआयना करता था। लेकिन वह हतप्रभ था कि उसे कुछ होता ही नहीं था। वह अपनी ही निगाहों में गिरने लगा। इस बीच उसे बुखार ने भी दबोच लिया था।

बुखार के कारण उसका शरीर तप रहा था। रात उसे कई छींके आयीं और नाक सुड़सुड़ाने लगी। थोड़ी देर बाद बुखार से वह जलने लगा था।

सरोज वर्मा उजली के साथ दवा खरीदने गयी थी। वह कम्बल ओढ़कर लेटा था। उसकी नाक सुड़सुड़ाने लगी। अभी वह लगातार कई बार उठ-उठकर नाक छिनक चुका था। अतः इस बार भीतर-ही-भीतर सुड़क डाला। वह बहुत अकेला पा रहा था। लग रहा था, जैसे कोई भारी आवरण उसे घेर रहा है। उसकी पलकें भारी-सी होने लगीं। वह बुदबुदाया, "मैं कभी दुःखी नहीं हो सकूँगा, न सुखी।" उसने सोचा, 'कितने साल हो गये होंगे मुझे कभी पश्चात्ताप नहीं हुआ।' वह नींद और जागने के बीच की स्थिति में था। वह स्वप्न और यथार्थ की मिली-जुली अवस्था

में था। धुँधला-धुँधला-सा सोच रहा था, 'मेरे पास आँसू भी नहीं बचे। बचपन के बाद मैं रोया ही नहीं।' वह उद्विग्न था, 'क्या ज़माना आ गया है, लोग न रोते हैं, न पश्चात्ताप करते हैं!'

सरोज वर्मा दवा लेकर आ गयी। रास्ते में पत्रिका कार्यालय फ़ोन कर दिया था, पति की छुट्टी के लिए। उसने दवा की गोलियाँ पति को दीं। प्रमोद वर्मा उन्हें गटक गया। देर तक लेटे-लेटे वह ऊब गया था। वहीं बिस्तर पर उकड़ूँ बैठ गया।

सरोज वर्मा ने सुझाव दिया, ''ऐसे मत बैठिये, फिश्चुला दर्द करने लगेगा।''

वह उसी तरह बैठा रहा। नामालूम क्या सोचता रहा कि रुआँसा हो गया, ''सरोज...सरोज...मैं क्या करूँ, मुझे कुछ अच्छा नहीं लगता। कुछ सुन्दर नहीं लगता।''

सरोज वर्मा ने उसकी गर्दन में बाँहें डाल दीं। प्रमोद वर्मा का सिर छोटे बच्चे की तरह अपने वक्ष से लगा लिया और सहलाने लगी, ''क्या होता जा रहा है आपको ...क्या होता जा रहा है...मैं फिर कहती हूँ कि आपको मेरी, उजली की रत्ती-भर परवाह नहीं है...''

उजली अपने नाम का ज़िक्र सुनकर उत्साहित हो गयी, ''पापा...पापा...आप कब दुखी होंगे?''

''कभी नहीं बिटिया।''

''ऐसा न बोलिये।'' सरोज वर्मा ने भारतीय नारी की तरह इतराते हुए धीरज बँधाना शुरू किया, ''आप चिन्ता मत करिये। आप एक दिन ज़रूर दुखी होंगे। ईश्वर के घर में देर है मगर अँधेर नहीं है। वह आपको ज़रूर दुखी बनायेगा। मैं सोमवार का व्रत रखूँगी। शंकर जी से माँगूँगी कि आपको दुखी बनायें।''

''कोई फ़ायदा नहीं। किसी भी तरह मेरा सुखी होना, यानी कि मेरा सुखी हो सकना किसी भी तरह मुमकिन नहीं है।'' वह पुनः उकड़ूँ बैठ गया, ''क्योंकि मेरी आत्मा खो गयी है। मुझे यह पता भी नहीं कि वह कहाँ खोयी! पहले मैं अक्सर उसे निकालकर रख देता था, इसी में वह कहीं खो गयी। लोकनिर्माण विभाग के दफ़्तर में, सड़क पर या किसी यात्रा में, पता नहीं कहाँ मैंने उसे अपने से अलग रखा और वह खो गयी...'' उसकी आँखों के सामने अँधेरा छाता जा रहा था। सब कुछ डूबता हुआ-सा लग रहा था।

अचानक उसके फिश्चुला में ज़ोरों का दर्द हुआ। उससे सँभल पाता कि मितली आने लगी। वह 'ओ...ओ...' करके उठा। भागते हुए वाशबेसिन तक गया और उलटी करने लगा। दुर्गन्ध से भरी, हुई ढेर सारी उलटी।

जलडमरूमध्य

मम्मी-पापा को लेकर चिन्मय गाँव से आ रहा था। उन्हें लेने के लिए मनजीत स्टेशन पहुँच चुकी थी। लेकिन ट्रेन आ ही नहीं रही थी। मनजीत ने घड़ी देखी, थोड़ा वक्त और काटना है। उसने सिगरेट सुलगायी। प्लेटफार्म पर आने के बाद उसकी यह तीसरी सिगरेट थी। लाइटर बुझने पर देखा, कुछ युवा और कुछ वृद्ध उसे घूर रहे हैं। उसने इत्मिनान और उपेक्षा से धुआँ उगल दिया। उसे कोफ़्त हुई, दिल्ली में भी औरत के पास सिगरेट पीने की आज़ादी नहीं है। सिगरेट पीती हुई औरत को लोग कितने अचरज और दिलचस्पी से देखते हैं! मगर दिल्ली का भी क्या कसूर? यहाँ हर कोई दिल्लीवाला तो है नहीं। अब जैसे उसका पति चिन्मय भी दिल्ली का मूल निवासी नहीं है, यू.पी. के चिरैयाकोट का है। सास-ससुर आ रहे हैं, वे तो हैं ही चिरैयाकोट के। अचानक उसके चेहरे पर हल्का-सा तनाव छाने लगा, सास-ससुर अब क्या यहीं हमारे पास रहेंगे? ससुर बीमार हैं तो उनकी बीमारी क्या है? गाँव का मकान लूट लिया गया, ढहा दिया गया, ठीक है लेकिन उसे किन लोगों ने ढहाया और क्यों? आखिर खेत और बगीचे तो बचे होंगे! अच्छा, कितनी दौलत होगी ससुरजी के पास? सुनते तो हैं कि बहुत ज़्यादा है।

ट्रेन की आवाज़ सुनायी पड़ी। मनजीत ने आखिरी कश लेकर सिगरेट को जूते से मसल दिया। उसने सिगरेट का पैकेट और लाइटर पर्स में रखा। मुँह में च्यूइंगम डालकर सामने से गुज़रती तथा धीमी होती हुई ट्रेन को देखने लगी।

वह कोच नम्बर पाँच के सामने पहुँची तो चिन्मय, सहायजी और कौशल्या उतर रहे थे। चिन्मय और कौशल्या ने सहायजी को सहारा दे रखा था। सामान कुली के सिर और हाथों में था। मनजीत ने बढ़कर सास-ससुर के पाँव छुये और पूछा कि यात्रा में कोई कष्ट तो नहीं हुआ! सहायजी एक जगह लड़खड़ाये तो फुर्ती

से उसने उनको सँभाल लिया।

स्टेशन से बाहर आकर उसने कार खोलकर सबको बिठाया। पीछे की सीट पर सहायजी बीच में बैठे थे। उनके एक तरफ़ चिन्मय था, दूसरी तरफ़ कौशल्या। आगे बैठी मनजीत ड्राइव कर रही थी। लाल बत्ती आने पर कार रुकी तो उसने कौशल्या को ढाँढस दिया, "मम्मी, आप परेशान न हों, पापा यहाँ ठीक हो जायेंगे।" अब वह सहायजी से पूछ रही थी, "पापा, आपको तकलीफ़ क्या हुई है?" सहायजी कुछ बोले नहीं। जिस स्थिति में थे, स्थिर बने रहे। मनजीत ने सामने के शीशे में देखा कौशल्या और चिन्मय परेशानी से एक-दूसरे को देख रहे हैं। कौशल्या ने लम्बी साँस ली, "इनको आँसुओं की बीमारी लग गयी है। ये रो नहीं पाते हैं। इनके सारे आँसू सूख गये हैं बहू।"

"मैं समझी नहीं मम्मी!" उसने कार बढ़ायी। हरी बत्ती हो गयी थी। थोड़ी ही देर में कार सड़क पर दौड़ रही थी। कौशल्या का कहना जारी था, "गाँव में चाची की मौत हुई, ये रोये नहीं। आँगन में चाची की लाश पड़ी थी। पुरखों का मकान ढह गया था, मगर इनकी आँख में एक बूँद आँसू नहीं। नहीं आँसू गिरे, कोई बात नहीं, ये दुखी भी नहीं हुए। रत्ती-भर अफ़सोस नहीं किया। चलो, यह भी सही, मगर ये तब से पत्थर हो गये हैं। न हँसते हैं, न रोते हैं, न बोलते हैं। ऐसा लगता है कि ये सुनते भी नहीं हैं। लोग कहते हैं कि...आँसू गिर जायें तो ठीक हो जायेंगे, पर ये रो ही नहीं रहे हैं...।" कौशल्या सुबकने लगीं, "बहू पता नहीं क्या होनेवाला है!" चिन्मय उन्हें चुप कराने लगा। वह सामान्य हुईं तो पछतायीं कि पोते के बारे में कुछ पूछा ही नहीं, "बहू! मनु कैसा है? अब और बड़ा हो गया होगा?"

"अच्छा है मम्मी। आप लोगों को बहुत याद करता है। स्कूल गया है, नहीं तो वह भी स्टेशन आता।"

घर पहुँचकर चिन्मय ने डॉक्टर को फ़ोन किया और कौशल्या से कहा, "मम्मी! मैं और मनजीत पापा को लेकर डॉक्टर के यहाँ जा रहे हैं।"

"बेटा, मुझे भी ले चलो, अकेली मैं यहाँ क्या करूँगी?"

"मम्मी, आप थकी होंगी, फिर डॉक्टर के पास नामालूम कितना समय लगेगा। टेस्ट वगैरह भी होना हुआ, तब तो जाने कितना वक्त लगे। और मनु भी स्कूल से आने वाला होगा। आप उससे बातें वगैरह करियेगा न, क्या दिक्कत है।"

कौशल्या चुप हो गयीं। उन्हें बेटे की बातें मुनासिब लगीं। लेकिन जैसे

ही कार ओझल हुई, उनके मन पर क्या गुज़री कि वह रोने-रोने को हो गयीं। पछताने लगीं कि वह भी क्यों नहीं गयीं। वह खुद को सँभाल न सकीं और फूट-फूटकर रोने लगीं।

छोटे से शहर चिरैयाकोट में सहायजी के पास इज़्ज़त, शोहरत और दौलत सभी कुछ था। शहर के एक बड़े और पुराने मकान में वह और कौशल्या सुखपूर्वक जीवन बिता रहे थे। मकान गुज़रे ज़माने के स्थापत्य का था, जिसकी दीवारों में आले बने हुए थे और मेहराबों का प्रयोग था। कड़ियोंवाली छत थी। चौखट लगे दरवाज़े थे। बड़ा-सा आँगन था। आँगन में तुलसी का बिरवा था। बिरवे के पास आराध्य पत्थर थे। आँगन में ही सबसे पहले धूप-हवा आती, आकर पूरे घर में फैल जाती। आँगन के ही रास्ते भोर और अँधेरा दाखिल होते।

यह घर सहायजी को बहुत प्रिय था। इस घर की तरह ही चिरैयाकोट शहर में भी सहायजी की जान बसती थी। उनका इसे छोड़कर कहीं जाने का मन नहीं करता था। कहीं जाते तो वहाँ पहुँचकर जल्दी-से-जल्दी लौटने की कोशिश में लग जाते थे। चिरैयाकोट ही उनका परम तीर्थ था, प्रिय ठंडा प्रदेश था और आधुनिकतम महानगर था। यहाँ तक कि चिन्मय के पास भी दिल्ली जाते तो कुछ ही दिनों बाद उनके कानों में चिरैयाकोट की साँकलें बजनी शुरू हो जाती थीं और वह वापस आने की तैयारी में लग जाते।

लेकिन एक दिन न जाने क्या हुआ कि उन पर जुनून सवार हो गया था—चिरैयाकोट त्यागकर अपने गाँव में बसने का। वह अपने पुराने स्थापत्यवाले मकान में बैठे थे कि फ़ैसला कर दिया कि गाँव में रहेंगे। मरेंगे तो अपने पुरखों की मिट्टी में मरेंगे। बस, यहीं से शुरू होता है सहायजी और कौशल्या की विपत्तियों तथा बर्बादी का किस्सा। यह किस्सा बेहद मामूली तरीके से शुरू हुआ था मगर वह अब आँसुओं की बीमारी जैसे खतरनाक मोड़ पर पहुँच चुका है।

प्रारम्भ कुछ इस तरह हुआ था कि सहायजी थोड़ा-सा अनमने और बेचैन रहने लगे थे। अक्सर बोलते-बोलते चुप हो जाते थे या चुप रहते—चुप रहते कि अचानक बोलने लगते थे। किन्तु यह कोई बहुत अस्वाभाविक बात न थी। कम-से-कम ऐसा तो निश्चय ही नहीं कि इसको लेकर परेशान हुआ जाये। इसलिए जीवन अपनी रफ़्तार से चल रहा था। पर धीरे-धीरे यह होने लगा कि सहायजी

गुमसुम रहते कि एकाएक चौंककर कह पड़ते, "कौशल्या, तुमने कुछ कहा क्या?" तो क्या वह गुमसुम रहने की स्थिति में कोई आवाज़, कोई पुकार या कोई कथन सुनने लगते थे?

एक दूसरी बात भी गौरतलब थी कि चाहे जितनी रात हो, यदि कौशल्या सहायजी को आवाज़ देतीं तो वह बोल पड़ते। इतना ही नहीं, कभी-कभी वह रात को उठकर कमरे में टहलने लगते थे। लेकिन कई बार ऐसा भी होता था कि शाम होते ही वह मुँह ढाँपकर सो जाते थे, फिर उठने का नाम न लेते थे। बहरहाल उम्र के इस पड़ाव पर ये सब भी खास चिन्ताजनक लक्षण नहीं थे और कौशल्या ने भी इनको खास तवज़्ज़ो न दी थी।

लेकिन कुछ-न-कुछ था ज़रूर जो सहायजी की आत्मा पर आघात कर रहा था। कोई व्यथा थी जो उनको बेचैन कर रही थी। तभी तो एक दिन विस्फोट हुआ कि वह अब यहाँ से अपना डेरा उठा लेंगे और गाँव में रहेंगे।

उस दिन शाम का समय था, सहायजी घूमकर आये थे और कौशल्या से बात कर रहे थे। कौशल्या बोल रही थीं। उनके बोलने की अवधि में ऐसा हुआ कि सहायजी कौशल्या की ध्वनियों से मुक्त होने लगे। वह धीरे-धीरे कमरे में कौशल्या की उपस्थिति से भी मुक्त हो रहे थे। उनकी इन्द्रियाँ जैसे अधोमुखी हो गयीं, वह उठकर कमरे में चलने लगे। कौशल्या ने यह सब देखा तो हठात् चुप होकर उन्हें देखने लगीं।

थोड़ी देर बाद सहायजी चुपचाप आकर कुर्सी पर बैठ गये और अपने हाथों को ग़ौर से देखने लगे। हाथों में झुर्रियों का जाल फैला हुआ था। उन्होंने सोचा, 'इन्हें अभी और ज़्यादा निस्तेज होकर सिकुड़ते जाना है।' उन्होंने कौशल्या के चेहरे पर नज़र डाली। उनकी आँखें वहीं टिकी रह गयीं।

कौशल्या ने पूछा "क्या देख रहे हैं? झुर्रियाँ?"

"नहीं, मैं सोच रहा था।" उनकी आँखें जैसे करीब पचास साल पहले की दुनिया में चली गयीं, "मैं सोच रहा था कि जब शादी के बाद तुम आयी थीं, कैसी महका करती थीं! कैसी खुशबू निकला करती थी तुम्हारे शरीर से! होंठ कितने लाल थे! कितनी हँसमुख और खूबसूरत थीं तुम!"

कौशल्या हक्की-बक्की-सी उन्हें घूरने लगीं, मगर अपनी तारीफ़ से हल्का-सा खुश भी हुईं। वह इतरायी, "पर तब आपने यह सब कहा नहीं था। अब कहने से क्या फ़ायदा! अब हममें वह सब कहाँ बचा है! हाड़-माँस की ठठरी बन गयी

हूँ।'' उनका सिर काँपा। कानों की लटक रही लरें हिलीं। हथेलियों से सिर को सहलाया तो ब्लाउज के भीतर बाज़ू की चमड़ी झूलने लगी। वह उदास हो गयीं लेकिन तभी कोई खास खयाल उभरा, मुस्कुरायीं, ''वैसे मैंने भी तब बहुत-सी अपने मन की बातें आपसे नहीं कही थीं।''

ऊपर लटका बड़ा-सा पंखा चल रहा था। उसके नीचे कौशल्या और सहायजी आमने-सामने बैठे थे।

कौशल्या बता रही थीं, ''जब मैंने आपको सबसे पहले देखा था तो आप कुर्ता-पाजामा पहने किसी से बतिया रहे थे। एकदम मोह लिया था आपने मुझको...।'' वह लजा गयीं। सकुचाते हुए कहने लगीं, ''शादी के बाद जब मैं सबसे पहली बार ऊपर वाले कमरे में गयी तो हैरान। वहाँ आपकी फ़ोटो ही फ़ोटो टँगी थीं। एक में आप डिग्री ले रहे हैं। एक में सूट पहनकर सिगरेट पी रहे हैं। एक में हैट लगाकर घोड़े पर सवार थे। किसी में, खिलखिला रहे थे तो किसी में बाग-बागीचे में थे। मैं एक-एक फ़ोटो के सामने ठिठक जाती थी...। तो हमको यह बात भी बहुत अच्छी लगी थी।''

वह चुप हो गयीं, क्योंकि उनको महसूस हुआ कि उनके बोलने के बीच में ही सहायजी उनकी आवाज़ और उपस्थिति से दूर चले गये थे। वह हल्का-सा क्षोभ और अपमान महसूस करने लगीं। तीखेपन से बोलीं, ''सुनिये।''

सहायजी यथावत् चुपचाप बैठे रहे। दुबारा पुकारे जाने पर भी वैसे ही बने रहे।

अब कौशल्या घबरायीं। उनका क्षोभ, तीखापन लुप्त हो गया। वह निरीह जैसी सहायजी के हाथों को हिलाते हुए कहने लगीं, ''सुन नहीं रहे हैं क्या?''

सहायजी ने अचकचाकर कहा, ''हाँ...बोलो, क्या बात है?''

कौशल्या ने सोचा कि उनकी बात का सिलसिला जहाँ पर खत्म हुआ था, उसके आगे बोलना शुरू करें। मगर फिर उन्हें लगा कि बुढ़ापे की इस बेला में प्यार-मुहब्बत और यौवन की चर्चा कितनी हास्यास्पद तथा बेवकूफ़ी की बात है। लेकिन चूँकि उन्होंने सहायजी को तन्द्रा से वापस किया था और सहायजी पूछ रहे थे कि क्या बात है; इसलिए कुछ-न-कुछ बोलना ज़रूरी था। अतः महज कुछ कहने की गर्ज से उन्होंने पुराना राग छोड़ दिया, ''ऐसा है कि हमारा बुढ़ापा बढ़ता जा रहा है। ज़्यादा नहीं बची है ज़िन्दगी। क्यों न हम अपने बेटे-बहू के पास रहें? वैसे भी वे कब से अपने पास रहने के लिए हमें बुला रहे हैं।'' उन्होंने सहायजी

की तरफ़ देखा। वहाँ किसी किस्म की नाराज़गी अथवा असहमति का भाव न पाकर उनका उत्साह बढ़ा, ''चले चलिये बेटे-बहू के पास दिल्ली। मरें तो कम-से-कम औलाद के पास।''

सहायजी थोड़ी देर मौन रहे, फिर धीमे-धीमे किन्तु दृढ़ता के साथ बोले थे, ''मैं चाहता हूँ कि हम अपने गाँव चलकर रहें। अपने पुरखों की मिट्टी में मरें।''

कौशल्या भय से थर्रा उठीं। उन्होंने सुना था कि सहायजी के पिता भी इसी तरह एक दिन सहायजी की माँ से बोले थे, और उनको लेकर गाँव चले गये थे। गाँव में जो छब्बीस कमरों का मकान है, उसकी सबसे ऊपर की मंज़िल पर एक कमरे में रहने लगे थे। अल्प आहार लेते थे और धार्मिक ग्रन्थों का अध्ययन करते थे। एक तरह से बैरागी हो गये थे। सहायजी की माँ से भी बहुत कम बोलते थे। वह नीचे के हिस्से में रहा करती थीं।

सहायजी के पिता बस सुबह कुछ समय के लिए नीचे उतरते थे। तब वह गाँववालों को होम्योपैथी की दवाएँ देते थे। उनके हाथ में पुण्य था, काफ़ी मरीज ठीक हो जाते थे। ग्रामीणों के लिए होम्योपैथी की गोलियाँ महात्माजी का प्रसाद थीं। उनकी खड़ाऊँ की खट्...खट् कमरे की तरफ़ आती सुनायी पड़ती तो रोगियों के चेहरे पर श्रद्धा उमड़ने लगती थी। वे लोग वाकई उनको महात्मा मानने लगे थे।

एक दिन वह ऊपर के अपने कमरे में मरे पड़े मिले। उनके क्रिया-कर्म में सहायजी, कौशल्या और चिन्मय के साथ कई दिन गाँव रहे। फिर वह माँ को लेकर चिरैयाकोट चले आये थे। गाँव में चाची ने माँ को बहुत रोका था, पर सहायजी माने नहीं और माँ को लेकर ही गाँव से लौटे थे।

कौशल्या अभी तक काँप रही थी। क्या सहायजी भी गाँव पहुँचकर बैरागी हो जायेंगे और खुद उनको सहायजी की माँ की तरह नीचे के तल्ले में अलग-अलग रहना होगा? क्या यह भी ऊपर की मंज़िल के कमरे में एक दिन...वह गिड़गिड़ा पड़ीं, ''आप दिल्ली चलकर क्यों नहीं रहते?''

सहायजी का निर्णय पक्का था, ''चिन्मय के पास रहने का विचार त्याग दो। अब यह तय करो कि किस दिन और किस समय चलना है गाँव।'' वह पुनः कमरे में चहलकदमी करने लगे। कौशल्या हताशा तथा हैरत से उन्हें देख रही थीं...। वह बार-बार इस सवाल से टकरा रही थीं कि आखिर ये क्यों नहीं चिन्मय के पास रहने के लिए तैयार हो रहे हैं? क्या कारण हो सकता है इसका?

ऐसा भी नहीं था कि चिन्मय और सहायजी में कोई मनमुटाव या वैमनस्य था। सहायजी का चिन्मय पर शुरू से ही अपार स्नेह था; बल्कि इस बात को लेकर चिरैयाकोट में एक दंतकथा मशहूर थी कि चिन्मय को जब दिल्ली में नौकरी मिली तो सहायजी ने आदमी भेजा था चिन्मय का हाल-चाल लेने के लिए। लौटकर उसने बताया कि नौकरी बहुत अच्छी है मगर कार और बँगला नहीं मिला है। सहायजी दिल्ली पहुँच गये। उन्होंने चिन्मय को दो चेक दिये, ''एक पर मकान की रकम भर लेना, दूसरे पर कार की। आराम से रहो।''

कार-मकान खरीदकर चिन्मय चिरैयाकोट आया था और माँ-पिता से बोला था, ''मुझे आप लोगों की एक फ़ोटो चाहिए।''

सहायजी को चालीस की उम्र तक फ़ोटो खिंचाने का भयानक चस्का था, लेकिन बाद में उनका मन इससे उखड़ गया था। इसलिए वह चिन्मय को कोई ताज़ा फ़ोटो नहीं दे सके। एक पुरानी तस्वीर निकाली और पूछा, ''इससे काम चलेगा?'' इस तस्वीर में सहायजी टाई पहने थे और कोट की जेब में गुलाब का फूल टँका था। कौशल्या गुलाब के फूल से भी ज़्यादा ताज़ा लग रही थीं। गले में नेकलस था, नाक में नथुनी, कानों में झुमके। खुशी चमक आये दो दाँतों से झलक रही थी।

चिन्मय ने कहा, ''पापा, ये बहुत पुरानी है और ब्लैक एंड व्हाइट है।'' उसने नया कैमरा खरीदा था और दोनों की तस्वीर उतारी थी। उसे सुन्दर फ्रेम में मढ़ाकर दिल्ली के मकान में अपने बिस्तर के पास रखा था।

जब उसने उस फ़ोटो के सामने पहली बार सिगरेट जलायी तो घबरा गया। उसे लगा, मम्मी-पापा देख रहे हैं। उसने सिगरेट बुझा दी। हालाँकि बाद में वह उसी तस्वीर के सामने शराब पीता था। दो बाज़ारू औरतों को लेकर सोया भी था। शादी के बाद मनजीत के साथ सोता ही था। तस्वीर की हाज़िरी में ही वह मनजीत को कई बार पीट चुका था और मनजीत से कई बार पिट चुका था। चिन्मय का आरोप था कि वह अपने बॉस तथा अन्य कई लोगों के साथ रँगरेलियाँ मनाती है, जबकि मनजीत की शिकायत थी कि वह अपने न जाने कितने दोस्तों की बीवियों और बेटियों को बर्बाद कर चुका था।

वैसे कौशल्या को यह सब मालूम नहीं था। सहायजी की भी जानकारी में यह बात होगी, यह भी सन्दिग्ध था। कौशल्या को बस यही उलझन घेरे थी कि सहायजी दिल्ली में रहने के लिए क्यों नहीं तैयार होते।

हालाँकि ऐसा नहीं था कि जब सहायजी पर गाँव में रहने की धुन सवार

हुई, तभी उनकी दिल्ली से अरुचि मुखर हुई थी। पहले भी जब वह वहाँ जाते थे तो उनके दिल में शहर चिरैयाकोट की साँकलें बजने लगती थीं। जैसे उनको चिरैयाकोट का नशा था। दरअसल यह शहर उनकी लीला-भूमि था। इसके ज़र्रे-ज़र्रे का स्पर्श उनके पैरों में था। उनके रंध्रों में यहाँ के वृक्षों की हवाएँ थीं और आँखों में ढेर सारे अक्स। कितने सारे दोस्त और दुश्मन थे यहाँ। कैसे इससे मुँह मोड़कर कहीं चले जाते वह?

लेकिन अब वह चिरैयाकोट छोड़कर गाँव जा रहे थे। चिन्मय के फ़ोन पर फ़ोन आ रहे थे। मनजीत और मनु का भी दबाव था, "वह किसी भी सूरत में गाँव न जायें। वहाँ डॉक्टर, बिजली और मनोरंजन का अभाव होता है।"

फिर भी वह कौशल्या सहित जा रहे थे।

चिरैयाकोट में जिसे मालूम हुआ, वह अचम्भा कर रहा था। आखिर सहायजी को क्या सूझा कि वह शहर छोड़ रहे हैं...चिरैयाकोट ने उनको कभी किसी शिकायत का मौका नहीं दिया था। पूरे ठाठ-बाट का जीवन यहाँ जीया था उन्होंने। फिर क्यों जा रहे हैं?

सहायजी के पिता यहीं पर रजिस्ट्रार ऑफिस में बड़े बाबू थे और बेइन्तिहा पैसा कमाते थे। कहा जाता था कि वह चिरैयाकोट के मोतीलाल नेहरू थे और सहायजी जवाहरलाल नेहरू। जब सहायजी लखनऊ में वकालत पढ़ने गये तो उनके पिता ने उन्हें मोटर खरीदकर दी थी। वहाँ वह शाम को दोस्तों को मोटर में बैठाकर हजरतगंज की सैर कराते थे।

चिरैयाकोट के जवाहरलाल नेहरू सहायजी स्वयं अच्छे वकील बने। वकालत के पेशे से उन्होंने काफ़ी दौलत जुटाई थी। कुछ लोगों का तो कहना था कि सहायजी करोड़पति हैं, करोड़पति।

शहर में सहायजी के खर्च करने को लेकर भी चर्चाएँ रही थीं कभी। कहा जाता था कि सहायजी जवानी के दिनों में फुर्सत के वक्त पतँग उड़ाया करते थे। उनकी पतँग में दस रुपये का नोट चिपका होता था। उनकी पतँग कभी कटती नहीं थी। कुछ मौकों पर कटी तो उसे लूटने के लिए खून-खच्चर हुए। पतँग को लेकर यह भी सुना जाता था कि अपनी एक दूर की भाभी से वह सौ रुपये की बाज़ी लगाकर पतँग लड़ाते थे। इन दूर की भाभी से उनकी पतँग लड़ती तो नज़ारा होता था। गोरी-सुन्दर, नयी-नवेली भाभी पायल छम-छम बजाती हुई छत पर पेंच चलाती और इधर सहायजी डोर बढ़ाते। लोग अपनी-अपनी छतों पर आकर, सड़क

पर रुककर इन दो लड़वैयों का खेल देखते। अन्त में सहायजी की पतँग कट जाती थी और उन्हें सौ रुपये देने पड़ते थे। कई लोगों का एतबार था कि सहायजी जानबूझकर हारते थे ताकि सौ रुपयों से भाभी की मदद हो, क्योंकि भाभी बड़ी गरीब थीं।

सहायजी की शौकीनी के भी किस्से थे। बताते हैं कि किसी ज़माने में उनके पास ढेर सारे मुल्कों की शराबों का संग्रह था और ज़्यादातर बोतलें बड़ी पुरानी थीं। उनके घर का पका चावल पूरे मुहल्ले में महकता था। उनकी डायनिंग टेबल पर फलों और मेवे की टोकरियाँ पड़ी रहतीं। अब तो खैर उन्होंने बीमारी तथा अध्यात्म के चलते सब त्याग दिया लेकिन वह वक्त भी था, जब उनके मोज़े इत्र से नहलाये जाते थे और यह कि उनके पास बेगम अख्तर, नूरजहाँ और बड़े गुलाम अली खाँ के सारे रिकॉर्ड थे। इतना ही नहीं, उन्होंने एक शायर, एक सारंगीवादक और तीन रक्काशाओं जैसे कई हुनरमन्दों को गाढ़े वक्त में खासी मदद दी थी। उनकी इसी दान-वृत्ति की परिणति थी, उनके द्वारा माता-पिता के नाम पर चलायी जानेवाली छात्रवृत्तियाँ।

वह शहर में रचे-बसे थे, शहर उनमें रचा-बसा था। सभी सम्प्रदायों के लोगों के बीच उनका आत्मीयतापूर्ण आना-जाना था। जाने कितने मुसलमान भी उनके दोस्त थे। वह चिरैयाकोट के अकेले हिन्दू थे जो रमज़ान के महीने में एक दिन रोज़ा इफ़्तार की दावत करते थे। ईद के दिन वह ऐसे उत्साहित रहते गोया खुद पक्के मुसलमान हैं! चिकन का कुर्ता-पाजामा पहनकर वह देर रात तक ईद मिलन करते। कई बार वह अपनी क़ार में मुसलमान दोस्तों को बिठाकर ईद मिलन के लिए निकलते थे।

होली में सहायजी के घर आनेवालों का ताँता लगा रहता था। कौशल्या के अनुसार ऐन होली के दिन हज़ार गुझियाँ खत्म हो जाती थीं, जबकि आनेवालों का सिलसिला अगले पन्द्रह दिनों तक चलता रहता था। सहायजी भी कौशल्या के साथ लोगों के यहाँ होली मिलने जाते थे। होली ही नहीं, खुशी का और गम का भी कोई मौका हो, वह शरीक होते थे। उनके यहाँ आज तक आया कोई भी निमन्त्रण पत्र ऐसा नहीं था, जिसकी उपेक्षा की गयी हो।

चिरैयाकोट में उनकी लोकप्रियता को देखकर एक राजनीतिक पार्टी ने चुनाव में उन्हें अपना प्रत्याशी बनाने की मंशा ज़ाहिर की थी, लेकिन उन्होंने साफ़ इनकार कर दिया था। उनका कहना था कि विधायक या सांसद हो गये तो कई-कई दिनों तक के लिए चिरैयाकोट छोड़ना पड़ेगा और ऐसा कर पाना उनके लिए नामुमकिन है।

लेकिन वही सहायजी अब हमेशा के लिए चिरैयाकोट छोड़कर गाँव रहने जा रहे थे तो शहर हतबुद्धि था। इन दिनों चिरैयाकोट के ढेर सारे घरों और लोगों के बीच यह प्रमुख चर्चा थी कि सहायजी शहर छोड़कर जा रहे हैं। हाँ, उनके इस प्रस्थान के कारणों को लेकर आम सहमति नहीं थी। अटकलें लगायी जा रही थीं। अलग-अलग राय और अन्दाज़ा था लोगों का। मगर सहायजी के अज़ीज दोस्त मकबूल साहब का अनुमान सभी से जुदा था। उनका कहना था, "सहाय घबराहट की वज़ह से शहर से रुख्सत हो रहे हैं। हाँ...हाँ...शहर में ताबड़तोड़ बन रही दुकानों से उनको घबराहट होने लगी थी। उन्होंने मुझसे कई बार कही है यह बात कि इतनी दुकानों के बनने से चिरैयाकोट बरबाद हो जायेगा। सब जगह दुकानें-ही-दुकानें हो जायेंगी तो बच्चे कहाँ खेलेंगे और हम बूढ़े लोग सुबह की सैर कहाँ करेंगे?" हालाँकि यह बात सही थी कि शहर में भयानक रफ़्तार से दुकान-निर्माण हो रहा था। गली-सड़क हर जगह दुकानें बन रही थीं। दुकानें घरों में घुस गयी थीं। कई तो अपने घरों को तोड़कर दुकानें बनवा रहे थे। लेकिन सुननेवालों को मकबूल साहब की बात पर यकीन नहीं आ रहा था कि दुकानों को देखकर सहायजी को घबराहट होने लगती होगी। फिर मान लो कि घबराहट होती भी होगी तो यह असम्भव ही है कि इन दुकानों के कारण वह चिरैयाकोट छोड़ रहे हैं। एक-दो को तो मकबूल साहब की बात पर हँसी आ गयी थी।

एक तबके की धारणा थी कि सहायजी ने कोई बहुत ज़्यादा नहीं कमाया था। और चिन्मय को दो चेक देने के बाद वह खाली हो गये थे। अब उनके पास यहाँ गुज़ारा करने लायक पैसा ही नहीं था, इसलिए शहर छोड़कर जा रहे थे। हालाँकि इस मान्यता के लोग बहुत कम थे। जो थे भी, वे सहायजी के बारे में बहुत कम जानते थे। अन्यथा उनको मालूम होना चाहिए था कि सहायजी की आर्थिक हालत ऐसी गयी-गुज़री नहीं है।

एक मत के मुताबिक सहायजी के चिरैयाकोट त्याग के पीछे कोई गूढ़ कारण नहीं था। बात सिर्फ़ इतनी थी कि उनके दिमाग का कोई पुर्ज़ा ढीला हो गया था। नहीं तो कोई बात थी कि ज़िन्दगी यहाँ बिताने के बाद मरने गाँव जा रहे हैं, जहाँ बुखार तक का इलाज करनेवाला डॉक्टर नहीं मिलेगा! उनके मानसिक सन्तुलन बिगड़ने के सम्बन्ध में यह दलील भी दी जा रही थी कि यदि दिमाग सही होता, और वह जाने की सोचते तो दिल्ली जाते बेटे-बहू—चिन्मय के पास। यह क्या कि गाँव चले जा रहे थे!

कौशल्या ने भी इस मसले पर ग़ौर किया था और इस नतीजे पर पहुँची थीं कि गाँव चलने के फ़ैसले की वजह सहायजी के स्वभाव में पिछले दिनों से आये हुए बदलाव हैं। उनको बार-बार लगता कि यदि सहायजी एकाएक अनमने, बेचैन और मायूस न रहने लगे होते, बोलते-बोलते खामोश हो जाने या चुप रहते-रहते अचानक चौंक पड़ने के लक्षण उनमें न प्रकट हुए होते तो वह गाँव चलने की बात कभी न कहते। हालाँकि. कौशल्या के पास दोनों के बीच कार्य-कारण सम्बन्ध स्थापित करने के लिए ठोस सबूत नहीं थे, फिर भी उनको अन्तर्बोध के आधार पर ऐसा महसूस होता था। अन्ततः उन्होंने इस बात पर भी विचार किया था कि आखिर सहायजी के स्वभाव में ये परिवर्तन क्यों हुए और कब हुए। काफ़ी सोच-विचार करने के बावजूद वह कोई निश्चित राय नहीं बना सकी थीं। हाँ, अनुमान के तौर पर उनके भीतर दो घटनाएँ अक्सर कौंध जातीं।

एक यह कि सहायजी काफ़ी रात तक चिट्ठियाँ लिखते रहे थे, अखबार पढ़ते रहे थे। उसके बाद वह सोने के लिए उठकर चलने को हुए तो लड़खड़ाकर गिर पड़े। ज़्यादा तेज़ नहीं गिरे थे, न ही सीढ़ियों पर गिरे थे। लेकिन मेज़ से सिर टकरा गया और वहाँ ज़ख्म हो गया था। डॉक्टर ने बताया कि बुढ़ापे में इस तरह लड़खड़ाकर गिर जाना कोई खास बात नहीं है। ज़्यादा काम करने की वजह से उन्हें चक्कर आया और गिर पड़े। सँभल इसलिए नहीं सके कि शरीर में पहले जैसी ताकत, फुर्ती और नियन्त्रण कर सकने की सामर्थ्य नहीं रही। डॉक्टर ने उनको एक टॉनिक लिखकर ज़ख्म की मरहम-पट्टी कर दी थी। लेकिन उनके घाव जल्दी सूखते नहीं थे। शायद इसलिए कि उनको डायबिटीज थी। सहायजी मत्थे पर जख्म लिये खोये-खोये रहते और निराशा-भरी बातें करते। कहते, "ज़िन्दगी में कुछ रखा नहीं है। अब हमें सामान समेटने की तैयारी करनी चाहिए।" सामान समेटने की तैयारी का अर्थ मौत को स्वीकार करने से भी हो सकता है, लेकिन कौशल्या का मानना था कि यह भी हो सकता है कि सामान समेटने का मतलब चिरैयाकोट छोड़ देने से रहा हो।

कौशल्या को जो दूसरी घटना महत्त्वपूर्ण लगती थी, वह यह थी कि लगभग पूरा चिरैयाकोट कर्फ़्यू की चपेट में था। हिन्दुओं-मुसलमानों के बीच दंगा भड़क गया था। बम के धमाके अभी भी हो रहे थे। लूटपाट और लाशें मिलने की खबरें थीं। यह पहली ईद थी, जिसमें सहायजी मकबूल साहब के दस्तरख्वान पर नहीं बैठे थे और अपने मुसलमान दोस्तों के बच्चों को ईदी नहीं दे सके थे। खौफ़नाक

मंज़र था। पुलिस की गश्त होती रहती थी। सिपाहियों के बूटों की ठक्...ठक् बहुत करीब सुनायी देती। तरह-तरह की चीखें, जयघोष, नारे, मारकाट की आवाज़ें गूँज़ रही थीं। छतों और गलियों से अफ़वाहें दौड़ रही थीं।

सहायजी तीन दिनों से घर में पड़े थे। उनको चिन्मय, मनजीत और मनु की बेइन्तिहा याद आ रही थी। दंगा-रक्तपात यहाँ चिरैयाकोट में हो रहा था और वह बार-बार दिल्ली फ़ोन करके चिन्मय से सबकी खैरियत पूछते।

सहायजी और कौशल्या में यह डर बैठ गया था कि यदि उन्हें कुछ हो जाये तो कौन उनकी मदद के लिए आयेगा? यही सब सोचकर एक रात वे दोनों काँपने लगे। इसे संयोग ही कहा जायेगा कि जब वे काँप रहे थे बिजली चली गयी। अब कमरे में एकान्त, अँधेरा और डर था। सहायजी ने करवट ली और कौशल्या के पास आ गये। उनके चेहरे को हथेलियों में लेकर अन्धकार में न जाने क्या देखते रहे। फिर फुसफुसाये, "कौशल्या!" वह बिस्तर पर कौशल्या से लगभग एक दशक बाद बोले थे। उन्होंने दुबारा कहा, "कौशल्या!" और अपना गाल उनके वक्ष पर रख दिया। अँधेरे के कारण पता नहीं चल पा रहा था कि सहायजी डरे हुए हैं या कामोद्दीप्त हैं। शायद उनमें दोनों ही उद्वेग थे। शायद वह डर से बचने के लिए कामोद्दीप्त हो रहे थे। वह कौशल्या को निर्वस्त्र करने लगे। खुद भी वैसे ही हो गये। कौशल्या को बाज़ुओं में भरा। होंठों को मुँह में रखा कि कौशल्या की दाढ़ हिल गयी। वहाँ के दो दाँत टूटने के निकट थे। वह दर्द से कराहीं। बिजली आ गयी। रोशनी में बूढ़े शरीर घृणास्पद लग रहे थे। दोनों ने एक-दूसरे को घृणा से देखा। अपने को घृणा से देखा।

कौशल्या को याद आता है कि इसी के बाद सहायजी के स्वभाव में परिवर्तन स्पष्ट रूप से दिखायी पड़ने लगा था। लेकिन अभी वह मुखर नहीं हुआ था कि इसी बीच वह बुखार की गिरफ्त में आ गये। तेज़ बुखार रहने लगा था उनको। हमेशा मस्तक सन...सन करता रहता। उजाले में भी लगता, अँधेरा है। अँधेरे में लगता, सब डूब रहा है। अक्सर सहायजी की आँखें मुँद जातीं और उनकी चेतना जैसे अतल गहराइयों में डूबने लगती। जब ऐसा होता तो उनको लगता कि वह मर-से गये हैं या मर रहे हैं। इस स्थिति में विचित्र बात यह होती थी कि उन्हें बचपन, माता-पिता, गाँव और अनेक मरे हुए लोग दिखने लगते थे। पुरानी बातें, पुराने लोग याद आते। माता-पिता कब के मर चुके थे लेकिन उनको इधर कभी-कभी महसूस होता, माँ उनके पास चारपाई पर बैठी हैं। पिता ज़ोर-ज़ोर से श्लोक पढ़

रहे हैं। कभी लगता, चाचा कमरे में बैठकर टी.वी. देख रहे हैं। जबकि चाचा के मरने तक हिन्दुस्तान में टी.वी. का प्रचलन ही नहीं था। सहायजी को कभी-कभी ऐसा भी एहसास होता कि परिवार के मरे हुए लोग आसमान से उनको बुला रहे हैं। तब उनकी घिग्घी बँध जाती थी, जब उनको भयानक चेहरेवाले लोग दिखायी देते। बड़े-बड़े दाँत—लम्बे नाखूनोंवाले, काले, भयानक राक्षसों जैसे चेहरे आँखें चमकाते हुए उनकी तरफ़ बढ़ते तो वह अर्धचेतना में ही घिघियाने लगते थे और पसीने में भीग जाते थे।

बुखार के चरम क्षणों में जीवितों में उन्हें सिर्फ़ चाची दिखायी देती थीं और उन्हीं की याद भी आती थी। चाची गाँव के छब्बीस कमरों के मकान में अकेली रह रही थीं। वह सहायजी से बारह साल बड़ी थीं और किसी भी दिन परलोक सिधार सकती थीं। सहायजी को स्मरण होता, जब चाची गाँव के मकान में चाचा की दुल्हन बनकर आयी थीं, तब कितने लोग इकट्ठा थे। छब्बीस कमरों का वह घर कितना भरा-पूरा लगता था। ढेर सारी मुँह दिखायी मिली थी चाची को। बहुत-सी अँगूठियाँ, बाजूबन्द, कान में पहननेवाले आभूषण और प्रचुर नकदी। चाची तब गौरैया थीं। चहचहाहट से सबका दिल जीत लेती थीं। लेकिन कैसे सब नष्ट हो गया! चाची को छोड़कर एक-एक सब मरते गये। गौरैया-सी चाची अब गाँव में उतने बड़े मकान के थोड़े से हिस्से में छिपकली की तरह रेंग रही थीं।

चाचा की मृत्यु के पहले चाची के आठ बच्चे मरे थे। चाची ने छब्बीस कमरों के घर के एक खास कमरे में आठ बच्चे जने थे। सभी मरे हुए पैदा होते थे। बाद में मालूम हुआ था कि गर्भाशय में ही शिशु को पीलिया घेर लेता था। यह बात पता चली, तो कोई फ़ायदा न था क्योंकि चाची के भीतर हर प्रजनन के बाद शिशु को पीलियाग्रस्त करने वाले तत्व बढ़ जाते थे। अब आठ प्रसूति के बाद उन तत्वों का परिमाण अथाह हो गया था। दूसरे यह कि यदि ऐसा न होता, तो भी कोई उम्मीद न बची थी क्योंकि चाचा मर गये थे। दरअसल यह जानकारी ही तब हासिल हुई, जब चाचा मरनेवाले थे। वे और चाची दोनों मेले में झूले से गिर पड़े थे। वे झूले के जिस हिंडोले में बैठे थे, वह हिंडोला टूटकर झूले से गिर गया था। चाचा-चाची खून से लथपथ हो गये थे। अस्पताल में खून चढ़ाये जाने के लिए उनके रक्त की जाँच हुई। चाची बच गयीं। उनका रक्त-समूह ओ पॉजिटिव था। चाचा का रक्त-समूह बी निगेटिव था। इस समूह का खून मिला ही नहीं, अतः चाचा खत्म हो गये थे। उसी समय पता चला था कि यदि पति-पत्नी के

रक्त-समूह विरुद्ध जातियों में हुए तो सन्तान को शिकंजे में लेने के लिए पीलिया घात लगाये रहता है। तो इस प्रकार चाची के आठ बच्चे पैदा होने के पहले ही मर गये थे। और अब वह विधवा तथा निःसन्तान दोनों थीं।

कितने लोगों की मौतें हुईं। सहायजी के पिताजी छब्बीस कमरोंवाले मकान की सबसे ऊँची मंज़िल के कमरे में एक सुबह मरे पाये गये थे। वे अपने कमरे में नींद से मौत की दुनिया में प्रस्थान कर गये थे। यह वह वक्त था जब गाँव के उस आलीशान मकान में चार-चार विधवाएँ मँडरा रही थीं। बाद में चाची को छोड़कर वे अपने-अपने बेटों के पास चली गयीं। वे अपने बेटों के यहाँ ही मर गयीं। पहले चाची की देवरानी मरी, जिन्हें शायद कैंसर हुआ था। उनके मुँह में बड़ा-सा औंधा फोड़ा था। वह गों...गों...गुर्र की आवाज़ें निकालती चल बसीं। फिर बड़ी जिठानी का क़िस्सा खत्म हुआ। वह बुखार से मर गयीं। इसके बाद सहायजी की माँ की बारी थी। उनकी आदत थी कि अपनी तकलीफ़ को ज़ब्त करती रहती थीं। यहाँ तक कि उच्च रक्तचाप की शिकार हो गयीं लेकिन चुपचाप उसकी मार को सहती रहीं। बहुत हुआ तो कहतीं, "सिर में दर्द हो रहा है।" और हिमताज तेल लगा लेतीं। यहाँ तक कि वह बिना चश्मे की थीं, जबकि उनकी आँखों की ज्योति कम हो गयी थी। आँखों की ज्योति में गिरावट विटामिन ए की कमी के कारण नहीं थी, न आँखों पर अधिक ज़ोर पड़ने से थी। दरअसल उच्च रक्तचाप का हमला उनकी आँखों पर भी दाँत गड़ा देता था। इसी कारण उनको एक दिन हार्ट अटैक पड़ा तो काफ़ी देर छुपाती रहीं। नतीजतन अस्पताल पहुँचने तक मामला बहुत बिगड़ चुका था। घबराकर सहायजी बोले थे, "जितना रुपया लगेगा, वह खर्च करेंगे, बस माँ की जान बच जाये।" लेकिन न रुपया, न डॉक्टर उन्हें बचा सके। माँ की मौत के बाद अब पुरानी पीढ़ी में चाची ही शेष थीं। चाची को चिरैयाकोट आना पसन्द नहीं था और सहायजी को गाँव जाना। दोनों की आखिरी मुलाकात चिन्मय की शादी के मौके पर हुई थी। चाची की कमर झुकने लगी थी तब।

बीता हुआ सारा कुछ सहायजी के भीतर उमड़ रहा था। मलेरिया के घोर बुखार में वह जल रहे थे। उधर उनकी आत्मा में भी हाहाकार मचा हुआ था, जैसे मन्थन हो रहा हो! यह उनके बुखार का आखिरी किन्तु सबसे विस्फोटक पहर था। तमाम दिवंगत परिचित और पुरखे अब अधिक तेज़ी से उनकी चेतना में गतिविधि कर रहे थे।

वह पुरखों के हलचल-भरे रोमांचक संसार में विचरण कर रहे होते कि अचानक

उनके कानों में दंगे की आवाज़ें फटने लगतीं। धाँय.. धाँय, चाकू-छुरे की ध्वनियाँ, हत्यारों के शोर, खून, माँस, पुलिस-मिलिटरी के बूटों की ठक्-ठक् सब जैसे किलकारियाँ भरते हुए उनको दबोच लेते। ऐसे में सहायजी थोड़ी देर छटपटाते, फिर उनको लगता कि वह निस्पन्द पाताल की गहराइयों में डूबते जा रहे हैं। काफ़ी देर बाद वह उबरकर ऊपर आते तो घबराहट से भर उठते। पता नहीं वह सपना देख रहे होते या सोच रहे होते लेकिन उनको हकीकत की तरह अनुभव होता, वह चिरैयाकोट की ढेर सारी दुकानों की भूलभुलैया में भटक गये हैं या कौशल्या भटक गयी हैं और वह उनका खोज रहे हैं। खोजते-खोजते वह स्वयं भी भटक गये हैं। वह भय से कई बार चिल्ला पड़े थे।

धीरे-धीरे उनका बुखार उतर गया और वह स्वस्थ हो गये थे। लेकिन वह बुखार की अवधि की अनुभूतियों और स्मृतियों से उबर नहीं पाये थे। उन्हें बार-बार लगता कि वह निपट अकेले हैं।

कौशल्या का विश्वास था कि इन्हीं के चलते सहायजी ने चिरैयाकोट छोड़कर गाँव में रहने का फ़ैसला किया था। कौशल्या की वह बात सच थी या मकबूल साहब या सहायजी के चिरैयाकोट छोड़ने को लेकर चर्चा करने वाले अन्य लोगों की, निश्चयपूर्वक कुछ कहा नहीं जा सकता था क्योंकि दो टूक हकीकत तो स्वयं सहायजी बता सकते थे और वह इसके लिए उपलब्ध नहीं थे।

जैसे कौशल्या का आकलन ज़्यादा तर्कपूर्ण लगता था मगर मकबूल साहब की बातें भी निराधार नहीं थीं, क्योंकि सहायजी की बीमारी ने यह साफ़ कर दिया था कि शहर में बन रही बेशुमार दुकानों ने उनकी चेतना पर बुरा प्रभाव छोड़ा था। नहीं तो वह बुखार में दुकानों की भूलभुलैया में भटकना क्यों महसूस करते? मकबूल साहब तथा अन्य चिरैयाकोटवासियों के आकलन में गड़बड़ी यह थी कि वह अधूरा होता था। मसलन मकबूल साहब को लिया जाये तो उनकी बात से सहायजी के चिरैयाकोट छोड़ने का आधार मिलता था, लेकिन उसमें इसका कोई संकेत नहीं था कि वह बेटे के पास दिल्ली न जाकर गाँव क्यों जा रहे हैं। ऐसे ही कुछ के विचारों से गाँव जाने की वजह पता चलती, किन्तु चिरैयाकोट छोड़ने का औचित्य नहीं सिद्ध होता था।

लेकिन यदि गहराई के साथ सहायजी को बुखार की अवधि की अनुभूतियों की छानबीन की जाये तो देखा जा सकता है कि उन दिनों उनके यहाँ दंगों, दुकानों, पुरखों तथा यातनापूर्ण दृश्यों का जो कोलाज बनता था, वह यह प्रमाणित करने

के लिए पर्याप्त था कि उनका मन चिरैयाकोट से विरक्त हो गया है।

बहरहाल, सत्य जो भी रहा हो, परिणति यही थी कि सहायजी ने कौशल्या के साथ गाँव में रहने की तैयारी कर ली थी और अब वह जा भी रहे थे। कौशल्या पड़ोसियों से कह रही थीं, ''हमारे घर की भी निगरानी आपके ज़िम्मे है। आपके ही भरोसे घर छोड़कर जा रही हूँ।'' सहायजी बाहर आये और ताला लगाने लगे। कौशल्या बोलीं, ''एक मिनट, रुकिये ज़रा, अभी ताला मत लगाइये।'' सहायजी ने दरवाज़ा खोल दिया और वहीं खड़े रहे।

कौशल्या घर के भीतर गयीं। उनके लिए यह घर सहायजी से चौबीस दिन छोटा था क्योंकि वह ब्याह के बाद सीधे गाँव ले जायी गयी थीं। वहाँ तेईस दिन बिताने के बाद यहाँ आयी थीं। उन्होंने चारों तरफ़ नज़र डाली, सब खिड़की-दरवाज़े बन्द कर दिये थे सहायजी ने। वह आँगन में आ गयीं। आँगन में तुलसी का पौधा था, उसके पास आराध्य पत्थर थे। नल के नीचे प्लास्टिक की पुरानी बाल्टी पड़ी थी। कौशल्या धीरे-धीरे छत की सीढ़ियाँ चढ़ने लगीं।

छत पर अनन्त आकाश था। बदली छाई थी। पतँगें उड़ रही थीं। कौशल्या के लिए यह छत हमेशा बहुत प्यारी थी। मुहल्ले में छतें आपस में गुँथी-सटी थीं। शुरुआती दिनों में वह मौका पाते ही मेहँदी से लाल हाथ-पाँव लिये छत पर पहुँच जाती थीं। उनके वहाँ पहुँचते ही मुहल्ले की कितनी सारी बहुओं, बच्चों और ननदों का अपनी-अपनी छतों पर आगमन हो जाता था। कौशल्या ने उन दिनों को याद किया और मुस्कुरायीं। उन्हें याद आया, तब वह कितने उत्साह से छत पर फैलाने के लिए बाल्टी में कपड़े लेकर आती थीं और देर लगा देती थीं। एक बार का वाकया है कि वह कपड़े फैला रही थीं कि बन्दर आ गया और उनका लाल रंग का ब्लाउज़ फाड़ने लगा। तब उनको बहुत शर्म लगी थी। वह विहँस पड़ीं।

''बहुत खुश हो। कोई बात याद आ गयी क्या?'' सहायजी की आवाज़ थी।

कौशल्या ने देखा, वह एकदम उनके पीछे खड़े थे, ''आप कब आये यहाँ?''
''तुम्हारे आने के थोड़ी देर बाद।'' सहायजी ने कहा।

कौशल्या ने लक्ष्य किया कि सहायजी उनसे बात ज़रूर कर रहे थे, लेकिन उन्हें देख नहीं रहे थे।

सहायजी को छत से चारों तरफ़ चिरैयाकोट ही चिरैयाकोट नज़र आ रहा था। एक छोटा-सा शहर दूर तक फैला हुआ था।

कौशल्या को लगा, सहायजी चिरैयाकोट पर इस समय पूरी तरह मुग्ध हैं।

उन्हें अवसर अच्छा लगा, "एक बार फिर से सोच लीजिये। न हो तो हम यहीं चिरैयाकोट में ही रहें।"

सहायजी कुछ बोले नहीं। एक क्षण के लिए कौशल्या पर नज़र डाली, "नीचे दरवाज़ा खुला छोड़ आया हूँ।"

वे सीढ़ियाँ उतरकर नीचे आ गये थे। बाहर निकलते समय कौशल्या ने तुलसी के पौधे को देखा। वह दुखी हुईं कि यह सूख जायेगा। थोड़ी देर के लिए उनके पाँव ठिठक गये।

सहायजी ने बाहर से कार का हॉर्न बजाया। कौशल्या जल्दी-जल्दी बाहर आयीं। ताला बन्द करके खींचा, कहीं खुला तो नहीं रह गया! अब तक सहायजी ने कार स्टार्ट कर दी थी। कौशल्या तेज़ कदमों से आकर उनके बगल में बैठ गयीं...

गाँव के मकान में चाची कई वर्षों से अकेले मँडरा रही थीं। पति की मौत पर उनके शोक में आँसू से अधिक चीखें थीं। उस समय उनको पति खो देने के सन्ताप से ज़्यादा इस बात का खौफ़ हो रहा था कि अब क्या होगा! कैसे पार हो पायेगी जीवन की नौका! बच्चे भी नहीं, पति भी नहीं, और सामने थी लम्बी ज़िन्दगी। उन्हें वर्तमान निस्सार तथा भविष्य भयानक लगने लगा था। गाँव के कई लोगों ने भविष्यवाणी की थी कि वह ज़्यादा दिन नहीं चलेंगी। कई ने तो उन पर निगरानी रखने की सलाह दी थी कि कहीं वह नदी-कुएँ में छलाँग न लगा दें या आग लगाकर या गले में फन्दा कसकर अपनी इहलीला समाप्त न कर डालें। लेकिन इसके विपरीत उन्होंने जल्दी ही रंग दिखाये। संसार उन्हें असार नहीं, अच्छा लगने लगा। वह चीज़ों पर नज़र रखने लगीं। उनका खाने-पीने का शौक पुनः शुरू हो गया। वह लहसुन-हरी मिर्च के मिश्रण से एक चटख खाद्य सामग्री तैयार करती थीं और रोज़ाना भोजन के साथ उसका ज़ायका लेती थीं। अचार, सब्ज़ियों और किस्म-किस्म की चटनियों की शौकीन वह बदस्तूर बनी रहीं। इतना ही नहीं, वह हलवाहे की कामचोरी, अनाजचोरी भी पकड़ने लगीं।

चाची ने खादी भंडारवाले पंडितजी को बाहर बरामदे से सटी कोठरी किराये पर दे दी थी। उसमें खादी भंडार का दफ़्तर खुल गया था। कोठरी के सामने के लम्बे बरामदे में स्त्रियों की चरखा-सभा लगती। गाँव की तमाम स्त्रियाँ इकट्ठा होतीं और चरखा चलातीं। ये लोहे के भारी चरखे थे, जो स्वदेशी आन्दोलन के लिए

नहीं, कुछ रुपये कमाने के लिए चलाये जाते थे। चरखों की चरर...चर्र के संगीत में स्त्रियों का गायन होता था। वार्ताएँ, निन्दा, हँसी और भद्दे मज़ाक होते थे। शाम होने पर वे अपना-अपना चरखा चाची के दालान में रखकर घर सँभालने चली जाती थीं।

चाची रात को भी चरखा चलाती थीं। रात में जब अन्धकार में डूबा छब्बीस कमरों का वह मकान भाँय-भाँय करने लगता था, जब दिन में सोयी रहनेवाली उनके बच्चों और पति की मौतों और जीवन की यादें जग जाती थीं तब चरखा उनका शस्त्र और कवच बनता। कभी-कभी रात के सुनसान में चरखे की आवाज़ और उनके रुदन की अद्‌भुत जुगलबन्दी पेश होती। इस जुगलबन्दी में इतना रस था कि कभी-कभी भोर हो जाती। शायद इसलिए चाची खादी भंडार से सबसे ज़्यादा रुई लेनेवाली और सबसे ज़्यादा सूत देनेवाली महिला थीं। उनके सूत महीन तथा उच्चकोटि के होते थे।

चाची ने न जाने कितनी सूत की धुंडियाँ तैयार की होंगी। न जाने कितने वस्त्रों में चाची के चरखे के सूत शामिल हुए होंगे। कई सालों की अवधि में रची-बसी थी उनकी तिजारत।

वह अक्सर सूत के बदले पैसे लेती रही थीं। लेकिन कई बार उन्होंने कपड़े भी लिये थे। उनके द्वारा खरीदे गये कपड़ों में दरी, कम्बल, धोती, गमछों, चद्दरों आदि के अलावा दो कुर्तों के लिए कपड़े भी थे। एक का कपड़ा सहायजी के लिए था, दूसरा चिन्मय के लिए। चिन्मय ने उस कपड़े को अटैची में बन्द कर दिया था और कई साल बाद उसका कुर्ता सिलवाया।

एक दिन शौक-शौक में चिन्मय की पत्नी मनजीत ने भी पैंट के ऊपर कुर्ता पहन लिया था। वह अपने पर मुग्ध हो गयी थी। कुर्ते के भीतर से उसके भारी स्तन बहुत ही ज़्यादा कामोत्तेजक लग रहे थे, इस बात को वह जान चुकी थी। इसलिए उसी कुर्ते में वह अपने बॉस से मिली थी। बॉस ने कुर्ता उतारकर खुद पहन लिया था और ठठाकर हँसे थे, ''देखो, चिन्मय का कुर्ता मैंने पहन लिया है।'' वह बाँहों में वक्ष सँभालते हुए बोली, ''मैं कुर्ता नहीं हूँ।'' बॉस ने उसकी बाँहों को खोल दिया, ''तुम न कुर्ता हो, न ब्रा। तुम मेरा प्यार हो।'' वह बॉस के सीने से सट गयी, ''न ये कुर्ता आपका है, न मैं आपकी हूँ। ये कुर्ता चिन्मय का है और मैं भी।'' बॉस ने ज़ोर से हँसकर उसे भींच लिया था।

घर लौटकर मनजीत ने चिन्मय के सामने कुर्ता उतारा था तो वह चौंक पड़ा था, ''तुमने कुर्ते के नीचे ब्रा पहना था। अब कुर्ता उतारा है तो ब्रा गायब है।

कहाँ गयी तुम्हारी ब्रा?"

जब मनजीत बॉस के सीने से चिपकी थी तो उसके सिर का एक बाल कुर्ते के बटन में फँस गया था। चिन्मय ने उस लम्बे बाल को देखा, "ये लम्बा बाल! क्या तुम समलैंगिक भी हो गयी हो?" वह गुस्से में चिन्मय पर झपट पड़ी थी।

चाची ने चरखे के पैसों से एक गाय भी खरीदी। गाय के दूध ने चाची के जीवन में खुशियाँ भर दी थीं। वह दूध में रोटी भिगोकर खातीं और दही भी जमातीं। गाय से दो बछड़े भी हुए थे, जिन्हें चाची ने बेच दिया। वे बैल बनकर कहीं और जाँगर खर्च कर रहे थे। वे चाची के काम नहीं आ सकते थे, क्योंकि वे बटाई पर खेती करनेवाली ठहरीं। गाय की एक बछिया भी हुई थी। बाद में गाय मर गयी, लेकिन तब तक वह बछिया गाय बन गयी थी। नतीजतन चाची के दूध-दही सेवन में कोई फ़र्क नहीं आया।

गाय के कारण धीरे-धीरे चरखे से चाची का लगाव कम हो रहा था। उनके प्राण गाय में बसने लगे थे। वह जैसे उनकी औलाद हो। उसकी सेवा में वक्त बिता देती थीं। बातें करती रहतीं। रात को गाय रँभाती तो वह लेटे-लेटे जवाब देतीं, "चुपचाप सो जा। सवेरे मिलेगी भूसा-चरी।" बातें वह चरखे से भी करती थीं, लेकिन चरखा बड़ी-बड़ी आँखों से उनको देखता नहीं था। पूँछ लहराकर, कुलाँचें भरकर खुशी तो नहीं प्रकट करता था।

यह पाली गाय भी एक बछिया को जन्म देने के बाद मर गयी। बछिया जब गाय हुई तो चाची उससे परेशान रहने लगीं क्योंकि एक तो वह लतमारू निकल गयी। पास जाकर सहलाओ तो लात मार देती। मुँह हिलाकर सींग मारने को झपटती। दूध भी कम देती। सबसे बड़ी बात, चाची ने इसको एक दिन विष्ठा खाते हुए देख लिया। तब से जब वह दूध का सेवन करतीं, उन्हें अपनी गाय का विष्ठा खाना याद आने लगता।

परिस्थिति विडम्बनापूर्ण हो गयी थी। उन्होंने गाय के चक्कर में अपने दुख के साथी चरखे से अपनापा कम किया था। कम क्या, चरखा चलाना लगभग बन्द कर दिया था। उनकी उदासीनता के कारण चरखा-सभा प्रधानजी के घर में जुटने लगी थी। खादी भंडार भी स्थानान्तरित हो चुका था। और अब गाय भी गड़बड़ी कर रही थी। सबसे बुरी बात वह विष्ठा खाने लगी थी जो चाची के लिए बरदाश्त के बाहर था। उनको हुई तकलीफ़ का अन्दाज़ा इससे लगाया जा सकता है कि वह टूट गयीं और जीवन के उनके लगाव के तन्तु कमज़ोर होने लगे थे। इसमें

शायद वक्त का भी असर था। हो सकता है कि वह यदि इतनी बूढ़ी न हुई होतीं, उनकी कमर कमान की तरह न झुक गयी होती तो ऐसा न होता। पर यह तो एक अनुमान है। वास्तविकता यह थी कि चाची का मन उचाट हो गया था।

वह ज़्यादातर छत की कड़ियाँ देखने में समय बिताने लगी थीं। उस विशालकाय भवन में एक कमरे और रसोई से ही उनका वास्ता रह गया था। शेष घर धूल खा रहा था। छह साल हुए होंगे, पूरे मकान में झाड़ू नहीं लगी थी। कुछ कमरे उससे भी पहले से बन्द थे। ताले लटके रहते। कुछ की चाबियाँ भी खो गयी थीं।

चाची वीतराग रहने लगी थीं। एक दिन अपने केश कतर डाले जबकि विधवा होने पर भी उन्होंने इनको नहीं त्यागा था। क्योंकि ये केश काफ़ी नरम, काले, लम्बे थे और चाचा प्यार के समय इनसे खेला करते थे। झूले के जिस हिंडोले से गिरकर चाचा मरे थे, उसमें भी उन्होंने चाची के केशों को छुआ था। वही अब चाची को मुसीबत महसूस होने लगे थे। इसलिए उन्होंने एक दिन उन पर कैंची दौड़ा दी।

उनको अब अपने शरीर तक की परवाह नहीं रह गयी थी। कुएँ की जगत पर खुले में ही नहा लेती थीं।

बस जिह्वा-सुख में उनकी रुचि बची हुई थी। लेकिन खाते-पीते उन्हें गाय के विष्ठा-भक्षण की याद आती और वितृष्णा से भर उठतीं। फिर भी वह गाय अपने पास रखने के लिए विवश थीं क्योंकि उनको उससे अपनापा हो गया था, इसलिए वह उसे बेच नहीं पाती थीं। जैसे कोई अपनी नालायक सन्तान को बेच नहीं पाता है। फिर क्या ठिकाना, दूसरी खरीदें तो वह विष्ठा खानेवाली न हो। नतीजतन वह उसी लतमारू, विष्ठा खानेवाली गाय के साथ गाँव के छब्बीस कमरोंवाले मकान में अकेली रह रही थीं।

कार गाँव में दाखिल होने पर सहायजी भावुक हो गये। उन्होंने कार धीमी कर दी। इतनी धीमी कि जैसे रेंग रही थी। कौशल्या ने पूछा, "गाड़ी इतनी धीमी क्यों कर दी?"

सहायजी ने कोई जवाब नहीं दिया। गाड़ी रोक दी। दरवाज़ा खोलकर चुपचाप बाहर निकले और चारों तरफ़ देखने लगे। वह विह्वल होकर सब कुछ देख रहे थे।

यह गाँव का सबसे अधिक रमणीक स्थान था। खड़ंजोंवाली सड़क के दोनों तरफ़ खूब घने-छतनार पेड़ों की कतारें थीं। बगल में बहुत दूर तक फैला हुआ तालाब था। तालाब का आखिरी छोर जहाँ खत्म होता था, वहाँ एक शिवाला था।

तालाब के किनारे बगुले थे तो पेड़ों के झुरमुट में मोर। बरसात की ऋतु के कारण पेड़ हरे-भरे और भारी हो गये थे तथा तालाब अधिक जलवान। सहायजी एकदम विभोर थे। वह मुस्कुरा पड़े। जब बच्चे थे तो कितना आते थे इस जगह। इस पार के शिवाले पर जाने की कितनी इच्छा रहती थी, लेकिन कभी नहीं जा पाये। उन्होंने निश्चय किया, इस बार, ज़रूर जायेंगे शिवाले। वह फिर मुस्कुराये, मगर अब वह बच्चे कहाँ रह गये हैं।

"क्या कर रहे हैं वहाँ?" कौशल्या थीं। उनको सहायजी के इस तरह चुपचाप गाड़ी से उतर जाने से परेशानी हो रही थी।

सहायजी धीरे-धीरे चलकर आये और कार का दरवाज़ा खोला। उन्होंने कार चालू की। कार के इंजन के घुरघुराते ही सहायजी को लगा, चारों ओर धूसर रंग छा गया है। वह कार चला रहे थे, उसी रेंगती हुई रफ़्तार में—और धूसर रंग बढ़ता जा रहा था। बाहर के एक-एक दृश्य के प्रति वह अनुराग से भरे जा रहे थे। गाँव उनकी आँखों के रास्ते से प्रवेश करके आत्मा में स्थापित हो रहा था। तभी जैसे गोधूलि हो गयी हो, उनमें पुराने दिनों की अनेक जगहें चमक जाने लगीं। जैसे, छब्बीस कमरोंवाले मकान के पिछवाड़े की ज़मीन चमकी। बारिश में इस ज़मीन की मिट्टी उभर आती थी और कहीं-कहीं चाँदी के सिक्के निकलते थे। इन सिक्कों पर अजीब-सी भाषा में कुछ लिखा होता था। इनकी आकृतियाँ भी भिन्न थीं। सहायजी की याद में साठ साल पुराना वह बच्चा उतर आया जो जाँघिया पहनकर बारिश में छपाछप नहा रहा था। उसने इन सिक्कों को देखा तो खुशी से पागल हो गया। वह उन्हें बटोरकर हाँफते हुए माँ के पास आया, "अम्मा, ये पैसे... पिछवाड़े मिले हैं।" माँ सहायजी के हाथ से उन सिक्कों को छीनकर पुनः उसी मिट्टी में दबा आयी थीं। डाँटा था, "आइन्दा कभी जो हाथ लगाया इनको।" उन्होंने समझाया था, "बेटे, ये पुरखों का धन है, आत्माएँ इनकी रखवाली कर रही हैं। ऐसा पैसा फलता नहीं।" सहायजी ने बड़े होने पर चिन्मय को भी यह बात बतायी थी तो वह उतावला हो गया था, "पापा, उस ज़मीन की गहरी खुदाई करके सब धन निकाल लिया जाये।" सहायजी ने मना कर दिया था। क्योंकि बचपन में उनको यह भी समझाया गया था, 'यहाँ हल, कुदाल, फावड़े चलेंगे तो मिट्टी पर ही नहीं, पुरखों पर भी चलेंगे। धरती से सिक्कों के साथ पुरखों के खून की फुहार भी बरसेगी। कहीं किसी पुरखे की गर्दन निकलेगी, कहीं हाथ, कहीं आँखें निकलेंगी।'

ज़मीन की तरह ही, सहायजी की भटक रही स्मृति में कभी वह मैदान चमक

जा रहा था, जहाँ रामलीला और नौटंकी हुआ करती थीं। वह कुआँ जिसमें ग्यारह साल के सहायजी गिर पड़े थे। वह वन, जहाँ सहायजी ने पहली बार मोर नाचते हुए देखा था। बाग का वह वृक्ष, जिसके ज़रिये उन्होंने पेड़ पर चढ़ना सीखा था। ये सभी ड्राइविंग करते सहायजी के भीतर जाग गये थे। वह जगह बार-बार प्रकट हो रही थी, जहाँ उन्होंने पिता के शव को मुखाग्नि दी थी। अंगारों और लपटों के बीच पिता चटख रहे थे।

सहायजी के सामने वह भुतहा मकान उभरा, जिसके एकान्त में तेरह साल के सहायजी को एक युवती ने पकड़ लिया था। उसने उनके गालों को काट लिया था और अपने गाल बढ़ाकर बोली थी, ''लो, अब तुम मेरा काटो...।''

...छब्बीस कमरोंवाला मकान सामने था। आदिकाल का पुता हुआ, फ़ीका, मनहूस और बदरंग। सहायजी उद्विग्न हो गये। मकान के शिखर पर खुदे उनके बाबा के नाम के कुछ अक्षर उखड़ चले थे। नाम के दोनों तरफ़ एक-एक स्त्रियाँ जो शायद परियाँ थीं, माला पहना रही थीं। एक परी का कान टूट गया था तो दूसरी परी की आँख फूट गयी थी। मकान में कई जगह का पलस्तर निकल आया था।

सहायजी कौशल्या को लेकर दरवाज़े की तरफ़ बढ़े। दरवाज़े की कुंडी को स्पर्श किया। कितने साल बाद वह उस लोहे को छू रहे थे!

चाची के कानों में कुंडी खड़की। वह बैठे-बैठे ही बोलीं, ''चले आओ।'' तभी उन्हें याद आया, दरवाज़ा तो उन्होंने कुत्तों के डर से बन्द कर लिया था। वह घुटनों पर ज़ोर लगाकर उठीं और झुकी-झुकी चलने लगीं। वह इसी तरह चल सकती थीं क्योंकि उनकी कमर कमान की तरह मुड़ गयी थी और पैरों में ताकत नहीं बची थी। आज वह कुछ ज़्यादा ही झुकी थीं। इतना कि यदि अपने दोनों हाथ नीचे लटका देतीं तो लगता कि कोई जानवर चल रहा है।

चाची ने किवाड़ खोले। उनके बाल एकदम सफ़ेद थे। ठुड्डी पर भी बाल निकले हुए थे। उनकी गर्दन हिल रही थी। सहायजी स्तब्ध हो गये। उन्होंने अपने को सँभाला और नमस्ते की। कौशल्या बैठकर आँचल बढ़ाकर चाची के पाँव पूजने लगीं। चाची के चेहरे पर हैरानी का भाव था। वह बोलीं, ''कौन लोग हो? हमको ठीक से दिखता नहीं है।''

''हम हैं चाची। हम कौशल्या हैं, ये आपके भतीजे।''

''तेज़ बोलो, हमको ऊँचा सुनायी देता है।''

सहायजी ने ज़ोर से बोलकर परिचय बताया। उनको उम्मीद थी कि उनका नाम सुनते ही चाची भावविह्वल हो जायेंगी। उनकी आँखों से आँसुओं की धार बहने लगेगी। आशीष देंगी। लेकिन चाची ने ऐसा कुछ नहीं किया। क्योंकि उनके आठ बच्चे गर्भ में नौ-नौ महीने रहने के बाद मरे पैदा हुए थे। एकदम आँखों के सामने पति ने खून से लथपथ दम तोड़ा था। एक-एक कर अपनों ने साथ छोड़ दिया था। अन्त में गाय भी विष्ठा खाने लगी थी। तो जिस चाची को दुखों ने इतनी क्रूरता से पीटा था, वह कैसे सहायजी को देखते ही प्यार से मूर्च्छित हो जातीं या उनका सिर सहलाते हुए आशीर्वाद देने लगतीं?

वह दोनों को भीतर ले आयीं। उनसे आँगन में पड़ी खटिया पर बैठने के लिए कहा। स्वयं नीचे पड़े पीढ़े पर बैठकर एक टहनी से पीठ खुजलाने लगीं। जमुहाई लेती हुई बोलीं, ''लगता है, पानी बरसेगा।'' सिर हिल रहा था। उन्होंने पूछा, ''पानी-वानी पियोगे?''

सहायजी को गहरा आघात लगा, चाची तो उनके आने पर ज़रा भी खुशी नहीं प्रकट कर रही हैं। और तो और, पानी भी ऐसे पूछ रही हैं जैसे वह महज़ रस्म अदायगी हो। उन्होंने चाची से आत्मीयता सघन करने का यत्न किया, ''अरे... आप कहाँ तकलीफ़ करेंगी!''

कौशल्या उठकर पानी लेने चली गयीं। वह लौटतीं कि चाची ने चाबियों का एक बड़ा गुच्छा लाकर सहायजी को पकड़ा दिया, ''जो ताले न खुलें, उनको तैल पिला देना।''

सहायजी छत पर पहुँचे तो अँधेरा छाने लगा था। यह शाम और रात का समय था। सहायजी के हाथ में लालटेन लटक रही थी। इसलिए उनके चलने पर रोशनी का एक टुकड़ा अँधियारे पर कुलाँचें भरता जा रहा था। और जब सहायजी अपने पिता के कमरे में हाज़िर हुए तो वही कुलाँचें भरता टुकड़ा पूरे कमरे में फैल गया। पीले-मटमैले प्रकाश में एक मृतक का वह स्थान अधिक प्राचीन तथा रहस्यपूर्ण हो गया था। कमरे में ढेर सारी गर्द जमा थी। सहायजी ने पिता की मृत्यु का वर्ष याद किया और सोचा, 'कितने वर्षों की धूल है यहाँ!' दीवारों पर जाले फैले हुए थे। एक जगह मकड़ी का बड़ा जाल भी था। लेकिन कमरा काफ़ी कुछ वैसा ही था, जैसा पिता के वक्त में रहता था। वैसे ही तख्त पड़ा था—बस, उस पर पिता नहीं थे! तख्त के सिरहाने ऋग्वेद पुस्तक पलटी हुई रखी थी। सहायजी ने उठाकर लालटेन के करीब लाकर देखा, पृष्ठ 38-39 थे। उन्होंने पुस्तक पहले की तरह

ही पलटकर रख दी। कमरे में ढेर सारे आले और ताख थे। सभी में धार्मिक ग्रन्थ रखे हुए थे। तख्त से सटी हुई मेज़ पर भी किताबें थीं। उस मेज़ पर होम्योपैथी की दवाओं का बक्सा भी था। वह जेब से रूमाल निकालकर होम्योपैथी के बक्से को चमकाने लगे। थोड़ी देर बाद उन्होंने फिर कमरे पर नज़र डाली, एक खूँटी पर पिताजी का कुर्ता लटक रहा था, एक पर छाता। वह तख्त पर बैठ गये। तभी उनको ध्यान आया, मरने के पहले पिताजी क्या पढ़ रहे थे। उन्होंने ऋग्वेद उठा ली और पढ़ने लगे। लेकिन कुछ ही पल बीते होंगे कि उन्हें लगा, सीढ़ियों से पिताजी खड़ाऊँ की खट्...खट् करते आ रहे हैं। वे हड़बड़ाकर बाहर आ गये। बाहर खुला आसमान था और घना अँधेरा घिर आया था।

वे हर कमरे को देख रहे थे। उन्होंने बखार देखा, दालान देखा, सौरी का कमरा देखा, जहाँ चाची ने आठ मरे बच्चे जने थे। बैठका, पूरबवाला हालकमरा—सब कमरे उन्होंने देख डाले। कई कमरे एकदम खाली थे तो बखारवाला कमरा ठुँसा हुआ था। उसमें मिट्टी के बड़े-बड़े पात्र रखे थे। सहायजी ने सोचा, 'पता नहीं इनमें अनाज भरे हैं या नहीं!'

थोड़ी देर बाद स्थिति यह थी कि चाची का कमरा छोड़कर उन्होंने पूरे घर का मुआयना कर लिया था। चाची के कमरे में कई साल से ताला लगा था। चाचा के गुज़र जाने के बाद चाची इस कमरे को भूल गयी थीं। सहायजी में इस कमरे को भी देखने की गहरी ललक पैदा हुई। उन्होंने पूछ ही लिया, "चाची, क्या यह कमरा भी खोल लूँ?"

शादी के बाद चाची को अपने लिए यही कमरा मिला था। इसी कमरे में तबके छोटे सहायजी चूड़ीदार पाज़ामा और शेरवानी पहनकर सकुचाते हुए पहली बार चाची से मिलने आये थे। उनको तब चाची से पेड़ा खाने के लिए मिला था। चाची ने उन्हें प्लास्टिक का बना गुलाब का फूल भी दिया था। सहायजी ने सहमे-सहमे अर्ज़ किया था, "चाची...चाची...आपका इत्र हम भी लगा लें।" चाची खिलखिलाकर हँस पड़ी थीं। बड़ी देर तक हँसती रही थीं और हँसते-हँसते ही उन्होंने सहायजी की हथेली के उल्टी तरफ़ इत्र लगा दिया था। मगर तब तक सहायजी की इत्र में दिलचस्पी समाप्त हो गयी थी। उन्हें चाची की हँसी अत्यधिक सुगन्धित और बेशकीमती लग रही थी।

आज कई दशक बाद वह फिर उस कमरे में घुसे थे। उनके हाथ में लटकी लालटेन के प्रकाश में कमरा टिमटिमा रहा था। उन्होंने दीवार में गड़ी एक कील

पर लालटेन टाँग दी। पूरे कमरे में दो चीज़ें पसरी थीं। एक थी, विशालकाय पलँग। पलँग की लकड़ी घोर काली थी या पुरानी होने पर काली हो गयी थी, उसके बारे में कुछ निश्चयपूर्वक नहीं कहा जा सकता था। पलँग के सिरहाने पर अच्छी-खासी नक्काशी की गयी थी। वहाँ मोती, शीशे और घुँघरू जड़े हुए थे। यह पलँग बहुत ऊँचा था। इतना कि युवावस्था में जब चाची इस पर बैठती थीं तो उनके गोरे पाँव पलँग और ज़मीन के बीच लटकते रहते थे।

दूसरी चीज . थी, कमरे के बीच में छत से लगा बड़ा-सा कपड़े का पंखा पंखे के चारों तरफ़ किनारे-किनारे चुन्नटें पड़ी हुई थीं। सहायजी ने देखा, कपड़ा काफ़ी जीर्ण-शीर्ण हो गया था। कभी इस तरह के पंखे छब्बीस कमरोंवाले मकान की शान थे। गर्मियों में कोई मजूर दरवाज़े की चौखट के उस पार बैठकर बाहर गयी इसकी रस्सी खींचा करता था। पंखा चुरूँ...रूँ...रूँ करता हवा देता रहता था।

पंखा ठीक पलँग के ऊपर था। पलँग के दाहिनी तरफ़ की दीवार से सटा हुआ एक आदमकद शीशा था। सहायजी ने शीशे पर जमी धूल की मोटी परत हटायी। शीशे पर अभी भी चाची की एक टिकुली चिपकी थी।

...उनको आभास हुआ, पीछे कोई खड़ा है। ज़ोर-ज़ोर से साँस ले रहा है। वह मुड़े। देखा, चाची थीं। वह कमरे को निहार रही थीं। क्या उन्हें भी गुज़रा ज़माना याद आ रहा था? वे दिन याद आ रहे थे, जब वह गहनों से लदी दुल्हन बनी इस पलँग पर सिमटी-सिकुड़ी बैठी थीं। शायद वह यही सब सोच रही थीं। क्योंकि उनकी झुर्रियाँ काँपीं, "बच्चा, इस कमरे को भी साफ़-सूफ़ करा देना।" गाँव आने के बाद सहायजी से कहा गया यह उनका पहला आत्मीयतापूर्ण वाक्य था।

"सुन रहे हैं...?" कौशल्या ने आवाज़ दी थी। बाहर गाँव के कुछ लोग मिलने आये थे। वे उनसे मिलने के लिए निकल गये। चाची कमरे में अकेली खड़ी थीं। जिस चीज़ को सहायजी ने महत्त्व नहीं दिया था, उसे वह गौर से देख रही थीं। वह था अलमारी पर रखा हुआ हारमोनियम। चाचा को चाची पर जब बहुत प्यार आ जाता था तो वे पलँग पर चाची को सामने बैठा लेते थे। चाचा और चाची के बीच में यही हारमोनियम होता था। चाचा चाची को देखते हुए हारमोनियम बजाया करते थे या इस तरह भी कहा जा सकता है कि हारमोनियम बजाते हुए चाची को देखा करते थे। एक बार तो ऐसे ही पूरी रात निकल गयी। चाचा-चाची दोनों एक-दूसरे को देखते रहे थे और हारमोनियम बजता रहा था। एक बार की बात है, चाची को देखते-देखते चाचा मतवाले हो गये। वे चाची से बोले कि वह

हारमोनियम अपने स्तनों से दबाकर बजायें। चाची पहले तो घबरायीं, पसीने-पसीने हुईं। पर चाचा ने फिर इसरार किया। उन्होंने उनकी चूड़ियों भरी कलाई पकड़कर खींचा। झिझकी-सहमी चाची ने कलाई छुड़ा ली और साहस बँटोरा। वह झुकीं और हारमोनियम अपने स्तनों से दबाया तो उनके पुष्ट स्तन भी दब गये थे। हारमोनियम बजने से आवाज़ निकली थी लेकिन उनको लगा, उनका शरीर बज रहा है।...

शायद चाची में वह अनुभव मचलने लगा। वह इसीलिए अपनी झुकी-झुकी कमर लिये दरवाज़े तक गयीं। किवाड़ बन्द कर दिये। मुड़कर वह उसी तरह झुकी-झुकी अलमारी पर रखे हारमोनियम तक आयीं। उन्होंने ताकत लगायी कि हारमोनियम को उतारकर पलँग पर रखें, लेकिन वह नाकामयाब रहीं क्योंकि उनकी उँगलियों में भी अब ताकत कहाँ बची थी! ऐसा लग रहा था कि उनकी उँगलियाँ हारमोनियम को छू-भर पा रही हैं। उनमें हारमोनियम को पलँग पर उतार सकने क्या, उसे मज़बूती से पकड़ सकने की भी सम्भावना शेष नहीं रही थी।

हारकर वह पलँग पर चढ़ गयीं। उन्होंने बन्द दरवाज़े की तरफ़ एक नज़र देखा, फिर अपना ब्लाउज़ उतार दिया। उनके दोनों स्तन चिचुके हुए थे और झूल रहे थे। वह हारमोनियम खोलकर उससे सटीं। कई साल पहले घटित हुए उस दृश्य का स्मरण करते हुए उन्होंने हारमोनियम अपने स्तनों से बजाना चाहा। पर न हारमोनियम के बटन दबे, न वक्ष। वह हाँफने लगीं। उन्होंने कोशिश की कि हारमोनियम बन्द करके उस पर क्लिप चढ़ा दें, पर वह भी न हो पाया। ऐसा इसलिए भी नहीं हो सका था कि वह कमज़ोर और बुढ़िया होने के साथ-साथ इस समय घबरायी हुई भी थीं। अन्ततः उन्होंने हारमोनियम को खुला छोड़ दिया।

वह पश्चात्ताप तथा आत्मग्लानि से भरी उस विशालकाय पलँग पर अर्द्धनग्न खड़ी थीं। अचानक उनकी आँखों के सामने अँधेरा छाने लगा। उन्हें सब कुछ घूमता हुआ, चक्कर खाता लगा, और वह तेज़ी से पलँग पर गिरीं। उनके गिरने पर पलँग से धूल उड़ी और पलँग में लगे घुँघरू बज उठे।

जब यह हादसा हुआ, उस समय सहायजी बाहर बैठे गाँववालों को चिरैयाकोट के बारे में बता रहे थे। तमाम सारे वर्णन करने के बाद उन्होंने कहा, "और यही सब सोच-विचारकर मैंने तय किया कि अपने गाँव में रहूँ। यहीं पर मेरे पितरों को मिट्टी नसीब हुई, यहीं मुझे भी हो। अब आ गया हूँ तो उम्मीद करता हूँ कि आप सबकी आत्मीयता मुझे मिलेगी।" सहायजी की आवाज़ भर्रा गयी थी और उनके हाथ जुड़ गये थे।

तभी किसी ने देखा, बरामदे में कौशल्या खड़ी हैं। उन्होंने हलका-सा घूँघट निकाल रखा है और गाँव की मर्यादा के मुताबिक गाँव के मर्दों के बीच नहीं आ रही हैं। साथ ही चिल्लाकर पति को पुकार भी नहीं सकती हैं।

सहायजी उठकर उनके पास आये, ''क्या बात है, इतना परेशान क्यों दिख रही हो?''

''चाची नहीं दिख रही हैं। मैं ऊपर छत पर भी हो आयी। कई बार आवाज़ भी दी, लेकिन कोई जवाब नहीं।'' उन्होंने आवाज़ मद्धिम कर दी, ''उनका कमरा भीतर से बन्द है। शायद उसी में हों। लेकिन जब मैंने ज़ोर-ज़ोर से किवाड़ पीटे तब भी वह न बोलीं, न दरवाज़ा ही खोला। पता नहीं, वहाँ हैं भी या नहीं।''

बाहर बैठे हुए लोगों को लगा कि सहायजी को खाना खाने के लिए बुलाया जा रहा है, वे उठ खड़े हुए। उनके चले जाने के बाद दो-तीन मज़दूर रह गये, जिनकी पिछली पीढ़ियाँ सहायजी के पुरखों की 'प्रजा' थीं। उन्हें लेकर सहायजी और कौशल्या भीतर आये। सभी चाची के कमरे के सामने खड़े हो गये। दरवाज़े को धक्का दिया, पर वह नहीं खुला। ज़ोर से धक्का दिया गया कि कहीं किवाड़ कसे होने के कारण फँस न रहे हों, लेकिन कोई लाभ न हुआ। सहायजी ने चाची को पुकारा, कोई जवाब नहीं मिला। एक मज़दूर आँगन में पहुँच गया। दूसरा छत पर। एक और था, वह मकान के सामनेवाले हिस्से की तरफ़ चला गया। सभी आवाज़ देने लगे, ''चाची... चाची.. चाची...!'' कौशल्या भी पुकारती। अजीब दृश्य था, रात को छब्बीस कमरों के मकान में कई दिशाओं से चाची-चाची की ध्वनियाँ गूँज रही थीं। आखिर में हारकर सब फिर चाची के कमरे के सामने खड़े थे। कौशल्या ज़ोर-ज़ोर से साँकल बजाने लगीं। इसी बीच एक मज़दूर कहीं से लोहे की छड़ ले आया। उसे दरवाज़े के बीच में फँसा दिया गया।

दरवाज़ा खुला तो दिखा कि चाची पलँग पर बेसुध पड़ी थीं। कौशल्या ने चद्दर से उन्हें ढँका, क्योंकि उनका ऊपरी हिस्सा नग्न था। वह तिरछी गिरी हुई थीं। यह सोने की स्थिति तो नहीं थी, फिर भी कौशल्या ने पहले उन्हें इसी तरह झकझोरा, जैसे नींद से जगा रही हों! लेकिन कोई प्रतिक्रिया नहीं हुई। उनकी नब्ज़ देखी गयी, चल रही थी। निश्चित हो गया कि वह बेहोशी में हैं। सहायजी उनके चेहरे पर पानी के छींटे देने लगे। एक मज़दूर हाथ के पंखे से हवा करने लगा। कुछ देर बाद चाची के होंठ ज़रा-सा फड़के।

उस दिन चाची किसी तरह होश में तो आ गयी थीं लेकिन अब उनकी

हालत ठीक नहीं थी। उन्हें बहुत कमज़ोरी आ गयी थी। वह उठतीं या चलने की कोशिश करतीं तो चक्कर आने लगता था। वह अक्सर हाँफती हुई मिलती थीं। कभी-कभी वह कराहना शुरू कर देती थीं। उनके मानसिक स्वास्थ्य पर भी झपट्टा पड़ा था। कभी-कभी ऐसा लगने लगता कि उनके प्राण अब निकले कि तब निकले।

गाँव के कुछ लोगों की प्रतिक्रिया थी कि चाची को पहले मकान और खेतों की ज़िम्मेदारी ज़िन्दा रखे थी। उनके प्राण इन्हीं में फँसे हुए थे। सहायजी के आने के बाद वह बेफ़िक्र हो गयी थीं और प्राण त्याग रही थीं। लेकिन कई लोग इसके विपरीत यह सोचते थे कि सहायजी चाची को मौत के मुँह में धकेल रहे हैं ताकि उनके हिस्से की ज़मीन-ज़ायदाद बेचकर चिरैयाकोट चम्पत हो जायें, इन लोगों का यह भी आरोप था कि सहायजी पितरों की ज़मीन पर मरने नहीं, पितरों की ज़मीन का सौदा करने आये हैं।

सहायजी इन आरोपों से घबरा गये। उन्हें अनुभव हुआ कि वह किसी अभेद्य व्यूह में घिर गये हैं। मगर उक्त मनःस्थिति दीर्घजीवी नहीं हो सकी, क्योंकि आरोपों को बार-बार सुनने और उन पर विचार करने के लिए उन्हें अधिक समय नहीं मिल पाता था। वह ज़्यादा वक्त चाची के कष्टों और हठों से ही जकड़े रहते थे। हमेशा खटका बना रहता कि चाची के प्राण पखेरू तो नहीं हुए।

चाची को बीच-बीच में दौरे भी पड़ने लगे थे। वह चिल्लाने लगती थीं। हू...हू की आवाज़ें निकालकर रोतीं। अकेले में होतीं तो बड़बड़ाया करती थीं। उनके हठ की जहाँ तक बात है तो एक यह कि वह हर समय उस कमरे के उसी पलँग पर चिपकी रहना चाहती थीं, जबकि पलँग उनके लिए नामाकूल था; क्योंकि बेहद ऊँचा था। वह उस पर चढ़ नहीं पाती थीं। उतरना भी कष्टसाध्य था। सहायजी और कौशल्या ने कई बार कहा, ''दूसरे पलँग पर चलें, चाची।'' वह जवाब देतीं, ''नहीं, मैं इसी पलँग पर रहूँगी।'' यह प्रस्ताव भी रखा गया कि इस पलँग को हटाकर इसी कमरे में दूसरा पलँग डाल दिया जाये। मगर वह इसके लिए भी तैयार न थीं। हालाँकि कई बार पलँग से उतरते समय मुँह के बल गिरने-गिरने को हो आयी थीं। चढ़ते समय भी दुर्घटना का खतरा बना रहता था। जवानी में ऐसा नहीं रहा होगा। अब उनकी कमर पूरी क्षमता-भर झुक गयी थी, तो यह सब होना ही था।

हारकर अन्त में सहायजी ने एक दिन बढ़ई बुलाया और कहा, ''आरी से पलँग के पायों को काटकर छोटा कर दो।''

बढ़ई चाची से बोला, ''आप पलँग से उतरें तो पायों को काटूँ।'' चाची उस

पर बिगड़ पड़ीं, "मैं नहीं उतरनेवाली। तुझे काटना है तो काट, मैं यहीं रहूँगी।" बढ़ई ने सहायजी को देखा। उनका इशारा पाकर वह आरी चलाने लगा। चाची पलँग पर बैठी इस वध को देख रही थीं। आरी चलते बीस मिनट बीते होंगे कि वह हू...हू कर रोने लगीं।

आरी अपना काम कर रही थी। उसके दाँते पाये पर चलते तो घुर्र...घुर्र की आवाज़ होती और लकड़ी का बुरादा झड़ता। लेकिन आरी शायद पायों पर ही नहीं चल रही थी, वह चाची की जीवनीशक्ति पर भी चल रही थी। जब तीसरा पाया भी छोटा कर दिया गया तो वह बेहोश होने लगीं। पहले उनकी धड़कनें मंद पड़ीं। फिर आँखें चकराईं। दाँत आपस में भिंच गये और हाथ-पैर कड़े होने लगे। वह लुढ़क गयीं।

सहायजी, कौशल्या और बढ़ई तीनों बदहवास हो गये! बढ़ई तो थर-थर काँप रहा था। वह गिड़गिड़ाया, "दुहाई सरकार, हमारी कोई गलती नहीं है। हमको पुलिस-दरोगा को न सौंपियेगा हुजूर।" उसने सहायजी के पैर पकड़े "हुजूर, हम ज़िन्दगी-भर आपकी सेवा करेंगे, बस हमें इस वक्त जाने दें।" सहायजी ने उसे जाने का संकेत किया, और कौशल्या से कहा, "चाची को अस्पताल ले चलना होगा।"

सहायजी ने चाची को मोटर में लिटाया। कौशल्या भी मकान में ताला लगाकार आ गयीं। वे दोनों जल्द-से-जल्द अस्पताल पहुँच जाना चाहते थे। उनकी कार ने गाँव की सीमा को जब पार किया, उसी, समय बड़ी ज़ोर से मूसलाधार बारिश शुरू हो गयी।

...रात होते-होते बारिश रुक गयी थी, बल्कि आसमान में तारे भी बिछ गये थे। चाँदनी रात में छब्बीस कमरों का मकान खामोश खड़ा था। ऐसा पहली बार हुआ था कि रात के पहर में इस मकान के भीतर इन्सान का वास न था। दुआर पर खास मवेशी भी न थे। खाली गू खानेवाली गाय बँधी थी। चारों ओर सन्नाटा! पूरे मकान में मौन दबे पाँव चल रहा था। एक दौर था, जब इसी मकान में देर रात तक चाची का चरखा चलता रहता था। चाची के सो जाने के बाद भी काली मशीनें, सफ़ेद सूत, सफ़ेद रुईवाला चरखा जगता था। पर इधर कई साल से वह कबाड़वाले कमरे में सो रहा था।

चाँदनी के उजाले में छब्बीस कमरोंवाले मकान में अँधेरा था। बस छत, दुआर और पिछवाड़ा चाँदनी में नहा रहे थे। आँगन में भी चाँदनी बरस रही थी। चाँदनी रात के उजियारे में कोई आवाज़-सी भी होती है, वही आवाज़ झनझना रही थी।

तभी मकान के पिछवाड़े सन्नाटा भंग हुआ लगा, जैसे कुछ लोग दीवार से पिछवाड़े की मिट्टी में कूदे हों।

कूदनेवाले गाँव के ही एक परिवार के जन थे। वे घुटनों तक धोती और जनेऊ पहने थे। उन्होंने अपने-अपने चेहरों को गमछों से ढँक रखा था। जगमग चाँदनी में उनकी आँखें और दाँत चमक रहे थे। उनके पास कुदाल, फावड़े, लोहे की सरिया थीं। वे सहायजी के मकान के पिछवाड़े की धरती में गड़े हुए सिक्कों के खज़ाने की तलाश में आये थे।

उन्होंने वहशियों की तरह पिछवाड़े की भूमि को खोदना शुरू कर दिया। फावड़े-कुदाल हवा में उठते और पूरी ताकत से, मिट्टी में धँस जाते। खच्...खच् का शोर वातावरण में भरने लगा। उत्खनन में उन्हें प्रकृति ने भी सुविधा मुहैया करायी थी, बारिश के कारण मिट्टी बेहद नरम हो गयी थी। इससे खुदाई के औज़ार अधिक गहराई तक धँसकर मिट्टी निकालते थे।

वे लोग बेतहाशा खुश थे कि सुबह होने तक मालामाल हो जायेंगे। सिक्के ढूँढने-बटोरने के लिए उनके बच्चे भी साथ आये थे। बच्चे बहुत उत्साह में थे। बीच-बीच में दौड़ने लगते और गीली ज़मीन पर फिसलकर गिर जाते। वे पुनः उठ खड़े होकर काम में जुट जाते। वे खुदाई से निकले मिट्टी के थक्कों को भुरभुरा बना रहे थे, जिससे सिक्के मिट्टी के बीच में हों तो दिखने लगें। इसी तरह गीली और लिसलिसी मिट्टी होती तो वे उसे फैला-फैलाकर सिक्के खोज रहे थे।

गोया पूरे गाँव की आत्माओं में एक ही डायन मँडरा रही थी। क्योंकि कुछ ही देर बीती होगी, दूसरे लोग भी छब्बीस कमरों के मकान के पिछवाड़े कूदे। उनके भी हाथों में कुदाल और फावड़े थे। थोड़ी देर में फिर कुछ लोग कूदे थे। जिस दीवार से लोग कूद रहे थे, उसके पास की ज़मीन पर ढेर सारे पैरों के निशान थे। मकान का पिछवाड़ा आदमियों से भर गया था। चाँदनी रात में चारों तरफ़ आदमी फैले हुए थे और नीचे खुदी हुई मिट्टी थी। कुदालों, फावड़ों आदि के प्रहारों से शोर पैदा हो रहा था।

वहाँ पैट्रोमेक्स और हंडे जल गये। वह जगह पूरी-की-पूरी जगमगा उठी। जैसे कोई उत्सव हो या रीति-रिवाज़, लोग कोलाहल करते, चीखते-चिल्लाते हँसते हुए

खुदाई कर रहे थे। उनके पैर मिट्टी से सने थे। पेट, पीठ, हाथ, चेहरों पर भी, मिट्टी पुती हुई थी।

एक आदमी मुट्ठी को माइक की तरह मुँह से लगाकर बोला, "सुनो, भाइयो, सुनो! मैं कहता हूँ सुनो।" थोड़े से वक्त के लिए सब ठहर गये। उस आदमी ने आगे कहना शुरू किया, "मुझको लगता है कि भीतर भी खजाना गड़ा होगा।"

"बुढ़िया के पलँग के नीचे हीरे-जवाहरात दबाकर रखे हुए हैं। तभी वह वहाँ से हट नहीं रही थी।" दूसरा आदमी चिल्लाया।

तीसरा कोई उल्लासपूर्वक बोला, "पुराने रईसों का घर है। पूरे घर में खजाना मिलेगा। मैं गारंटी देता हूँ गारंटी। भरोसा न हो तो शर्त रख लो तुम लोग।"

वे हुल्लड़ मचाते हुए, खुशियाँ मनाते हुए मकान के प्रवेश-द्वार पर आकर इकट्ठा हो गये। उन्होंने 'लक्ष्मी मइया की जय' और 'भारत माता की जय' के नारे लगाये और दरवाज़े को तोड़ना शुरू कर दिया। दरवाज़ा टूट गया और वे बकरियों की तरह भीतर घुसने लगे। अन्दर आकर वे हिंस्र पशु जैसे खूँखार हो गये। चाची के कमरे में घुसकर उन्होंने पुराने पलँग को बाहर फेंक दिया और कमरे को खोदने लगे। कुछ लोग आँगन की भी खुदाई करने लगे। वे छतों और दीवारों को भी ध्वस्त कर रहे थे। बीच में कोई कह देता, "हो सकता है, खम्भों में छिपा हो।" वे खम्भों पर फावड़ा चलाने लगते। थोड़ा कमज़ोर करने के बाद उसमें रस्सी फँसाकर ढेर सारे लोग रस्सों को अपनी दिशा में खींचते और खम्भा गिर पड़ता। खम्भों के गिरने से छतें थोड़ी धसक जाती थीं। वे छतों को भी लाठियों तथा लोहों की छड़ों से ठोंकने लगे।

सुबह होने के पहले तक यह मुहिम ज़ारी रही। भोर होने को आयी, तो वे भागने लगे थे। उनके पैट्रोमेक्स और हंडे अभी भी जल रहे थे। उन्हें जलता हुआ ही लेकर वे भाग रहे थे। भागने से उनके औजार आपस में टकराकर खन...ठन बज रहे थे।

कोई रुका और अपने बेटे से बोला, "रुक, ससुरे, रुक।" उसका बेटा रुककर उसे देखने लगा। वह बोला, "देख, ये गईया बँधी है। चल, इसे लेते चलते हैं।"

उन्होंने विष्ठा खानेवाली गाय का पगहा खोला तो वह मुँह हिलाते हुए झपटी, लेकिन बाप ने उसके सींग पकड़ लिये। बेटे ने गईया की पूँछ न जाने किस तरह उमेठी कि वह बड़ी तेज़ भागने लगी। पीछे-पीछे बाप-बेटा दौड़ लगा रहे थे। अब सुबह निखर आयी थी, कई स्त्रियाँ और नन्हे बच्चे अपने-अपने घरों से बाहर निकलकर

या घरों के भीतर से झाँकते हुए यह दृश्य देखने लगे।

जब सूर्य थोड़ा गर्म हुआ और मौसम में उमस घुस आयी तो लोगों ने देखा कि सहायजी की कार गाँव की पगडंडी पर चली आ रही है। पूरे गाँव को गोया साँप सूँघ गया था। सभी स्तब्ध थे और घरों में घुसे थे। जैसे गाँव में कोई खूँखार डकैत आ गया हो या पुलिस महकमे का हुक्काम आया हो।

सहायजी और कौशल्या को इस बात का बेहद अफ़सोस हो रहा था कि वे चाची को स्वस्थ कराने की मंशा से ले गये थे, लेकिन लौट रहे थे चाची की लाश लेकर। हुआ यह था कि जब सहायजी और कौशल्या चाची को लेकर अस्पताल के लिए जा रहे थे तो उनकी मोटर में चाची की मौत दुबककर बैठ गयी थी। चाची के अस्पताल में दाखिल होने पर मोटर में दुबककर बैठी मौत उछलकर बाहर आयी और चाची के पीछे-पीछे चलने लगी। बाद में चाची के बिस्तर पर वह तकिये के नीचे छुपकर बैठ गयी। थोड़ी देर वह नींद लेकर आराम फरमाती रही। लेकिन जैसे ही चाची सोयीं, वह जग गयी। उसने सधे कदमों से बाहर निकलकर चाची को दबोच लिया।

चाची की लाश बरामदे में रखी हुई थी। उसके एक तरफ़ सहायजी खड़े थे, दूसरी तरफ़ कौशल्या। उनके चारों ओर-पुरखों की भूमि पर बना छब्बीस कमरों का मकान टूटा-फूटा, ध्वस्त और मटियामेट पड़ा था।

"मेरी समझ में नहीं आ रहा है कि हम क्या करें? कैसे करें?" कौशल्या ने कहा और लाश के पास सिर पकड़कर बैठ गयीं, "देखो, चिन्मय कब आता है! फ़ोन तो कर दिया था न?"

सहायजी ने कोई जवाब न दिया। वे लाश के पास टहलने लगे थे। जाने क्या हुआ, कौशल्या ज़ोर से चीखीं और दहाड़ मारकर रोने लगीं। उनका मर्मान्तक विलाप गाँव की स्तब्धता पर विस्फोटक की तरह गिरा।

वह जीवन में पहली बार इतने हृदयविदारक तरीके से शोक प्रकट कर रही थीं। सहायजी के कदम जहाँ थे, वहीं ठिठक गये। वह कौशल्या को एकटक देखने लगे। वह ज़ार-ज़ार रो रही थीं। सहायजी के पिता इसी घर में दिवंगत हुए थे, तब वह इतना शोकाकुल नहीं हुई थीं। तो क्या यह एक स्त्री की मृत्यु पर एक स्त्री की वेदना थी? मगर सहायजी की माँ और खुद अपनी माँ की मौत पर भी वह इतनी व्यथित नहीं हुई थीं। ऐसा तो नहीं कि चाची को बचाने की कोशिश में भागीदार होने के कारण चाची का शव उनको पराजय तथा अपनी सामर्थ्य की

निरर्थकता का एहसास करा रहा था। हो सकता है कि वह मरी हुई चाची के रूप में अपने को देख रही थीं या वह अपनी ही देह की भावी परिणति से साक्षात्कार कर रही थीं।

अब तक कुछ गाँववासी भी आकर शव के पास इकट्ठा हो गये थे। सबसे पहले स्त्रियाँ अपने घरों से बाहर निकली थीं, फिर इक्का-दुक्का पुरुष आये थे। सभी शव के पास जुटे हुए थे। स्त्रियाँ रो भी रही थीं। ज़ाहिर था कि कौशल्या या सहायजी की तुलना में उनका चाची से ज़्यादा वक्त का सम्बन्ध रहा था। उनमें से कितनी, चाची की चरखा-सभा में चरखा चलाया करती थीं। लेकिन उनमें से कई के आँसू चाची के विछोह में नहीं थे, बल्कि वे एक जीवित स्त्री कौशल्या के दुख से विचलित होने के कारण उपजे थे।

कौशल्या पर जैसे दौरा पड़ गया था। वह लगातार विलाप करती जा रही थीं। फिर जैसे थक गयी हों। सुस्त पड़ने लगीं। उनके मुँह से फ़ेन आने लगा। आँखें मुँदने लगीं। जैसे उन्हें गश आ गया हो और वह बेहोश होने जा रही हों। आस-पास खड़े स्त्री-पुरुषों की आँखें सहायजी से टकरायीं। वह टुकुर-टुकुर कौशल्या को ताक रहे थे। उनसे कहा गया, ''अरे, आप इनको सँभालिये, समझाइये, वर्ना ये बेहोश हो जायेंगी। इनकी हालत ठीक नहीं है।''

सहायजी ने वहीं खड़े-खड़े कुछ कहना चाहा, परन्तु विचित्र बात हुई कि उनके होंठों से आवाज़ ही नहीं निकली। उन्होंने दुबारा कोशिश की, इस बार भी वैसा ही हुआ। लोगों ने लक्ष्य किया, सभी के चेहरे भयभीत थे, लेकिन सहायजी के चेहरे पर कोई भाव न था। उनका चेहरा पथराया हुआ-सा था। अजीब तरह की कठोरता से जड़ हो गये थे वे। वे न रो रहे थे, न बोल रहे थे। जैसे वे देख-सुन भी नहीं पा रहे थे।

माहौल में घबराहट फैल गयी। सहायजी को झिंझोड़ा जाने लगा। उन्हें चाची के जीवन की बातें बतायी जाने लगीं। सलाह हुई कि इनको चाची की याद से आँसू नहीं आयेंगे। इनसे कहा जाये कि इनके बेटे चिन्मय की मौत हो गयी या दुर्घटना में चिन्मय, उसकी पत्नी मनजीत और बेटा मनु मर गये।

लेकिन सहायजी उसी तरह काठ बने रहे। कौशल्या के मुँह पर पानी के छींटे डाले गये तो वह होश में आ गयी थीं। लोगों ने सहायजी पर भी वही प्रयोग आजमाया मगर कोई फ़ायदा न हुआ। हारकर उनके बालों को पकड़कर झिंझोड़ा गया। गालों पर चपत लगायी गयी।

लेकिन वह वैसे ही काठ बने रहे। उसी तरह हतबुद्धि। टकटकी बाँधे न जाने कहाँ देख रहे थे! आँखें कभी कहीं टिक जातीं तो कभी कहीं। वे किसी इन्सान, पशु या वस्तु पर केन्द्रित नहीं हो रही थीं। उनमें सुनसान और गहरा अपरिचय समा गया था। उनकी स्थिति से भयाक्रांत होकर कौशल्या रोना भूल गयी थीं। वह चुपचाप सहमी हुई उनको देख रही थीं।

सहायजी के शरीर में जुम्बिश भी बहुत कम हो रही थी। सबसे खास बात, उनकी पलकें सामान्य गति से नहीं झपक पा रही थीं। कई बार ऐसा लगता कि वे बन्द ही नहीं होंगी या उन्हें उँगलियों के सहारे बन्द करना पड़ेगा। वाकई वहम हो रहा था कि सहायजी सचमुच पत्थर या काठ हो गये हैं....

दिल्ली आने के बाद सहायजी के स्वास्थ्य में सुधार हुआ था, लेकिन ऐसा भी नहीं कि उन्हें पूरी तरह चैतन्य कहा जा सकता था। चिन्मय ने कई डॉक्टरों को दिखाया। दिल्ली में स्वास्थ्य सुविधाएँ अच्छी थीं।

गाँव से ले आने के बाद चिन्मय सहायजी के इलाज की दिशा में सक्रिय हो गया था। उन्हें कई डॉक्टरों को दिखाया था। मनजीत भी उनको कई दिनों तक एक प्राकृतिक चिकित्सा केन्द्र ले गयी थी। कौशल्या ने पूजापाठ की शरण गही। इन सबके परिणामस्वरूप सहायजी के स्वास्थ्य में हल्का सुधार हुआ, किन्तु उनको पूरी तरह चैतन्य नहीं कहा जा सकता था।

हालाँकि अब वे पत्थर या काठ की तरह नहीं रहे थे। उनकी पलकें झपकने लगी थीं। आँखों की पुतलियाँ सहज ढंग से डोल रही थीं। मगर वे पहले की भाँति उमंगहीन, जड़ और शुष्क भी नहीं दिख रही थीं। वे घर के लॉन में ही सही, कभी-कभी थोड़ा चहलकदमी कर लेते थे। फिर भी उनको सामान्य अवस्था में नहीं स्वीकार किया जा सकता था। क्योंकि वह बोलते, हँसते और मुस्कुराते नहीं थे। दिल्ली में उनके होंठों की स्मिति के दर्शन दुर्लभ थे। अमूमन वह गुमसुम बने रहते थे। जहाँ बैठ जाते, वहीं बैठे रह जाते थे। उनके चेहरे पर विराजमान रहनेवाला सूनापन और अपरिचय भी खत्म नहीं हुआ था।

इस मुकाम पर आने के बाद चिकित्सा विज्ञान उलझन में फँस गया था। उसकी समझ में नहीं आ रहा था कि सहायजी को निरोग बनाने के लिए कौन-सा नुस्खा इस्तेमाल किया जाय। क्योंकि जाँच परीक्षणों की रिपोर्ट थी कि सहायजी

को कोई खास बीमारी नहीं थी इस समय। यहाँ तक कि उनका रक्तचाप और डायबिटीज़ भी लगभग ठीक थी। वज़न अवश्य घटा था, लेकिन उसका कारण यह हो सकता था कि सहायजी ठीक से खाना-नाश्ता नहीं करते थे।

डॉक्टरों की समझ थी कि सहायजी में डिप्रेशन या अकस्मात् घोर मानसिक आघात लगने के कारण उत्पन्न होने वाली जटिलताओं के लक्षण भी नहीं दिखायी दे रहे हैं। अतः तय है कि उनको कोई सांघातिक रोग नहीं है। फिर भी बतौर एहतियात कुछ दवाएँ दे दी गयी थीं और कहा गया था कि घबराने की कोई बात नहीं है।

एक मनोचिकित्सक का विश्लेषण था कि सहायजी अपने किसी छोटे-मोटे दुख को, सदमे अथवा आघात को अपने मनोलोक में विकराल बनाकर उसी के अनुसार प्रतिक्रिया व्यक्त कर रहे हैं। कुछ मनुष्यों में ऐसा होता है कि उनको अपने को मुसीबतज़दा और दुखी देखना प्रिय लगता है।

जबकि एक मनोवैज्ञानिक का मत था कि सहायजी बुढ़ापे में मृत्यु, अकेलेपन और असुरक्षा की भावना से ग्रसित हैं। बहुत बार ऐसे लोग दूसरों की सहानुभूति पाने के लिए—ध्यानाकर्षण के लिए—अपने को चिन्तित, व्यथित और गमों का मारा प्रदर्शित करते रहते हैं।

चिन्मय ने कम्प्यूटर से सहायजी की जन्मकुंडली बनवायी और ज्योतिषियों को दिखलाया। एक तान्त्रिक से भी सम्पर्क साधा। एक अन्य ज्योतिषी के सामने सहायजी की हस्तरेखाओं का फिंगर प्रिंट प्रस्तुत किया। सभी का आकलन था कि ग्रह-नक्षत्र यही बता रहे हैं कि सहायजी को रोग का योग तो नहीं बनता है। हाँ, किसी बुरी आत्मा की जकड़ लगती है तो उसके लिए अनुष्ठान किया जा सकता है।

इन्हीं सबके चलते चिन्मय और मनजीत को कभी-कभी शक होने लगता कि वाकई सहायजी को कोई बीमारी-फीमारी नहीं है। वह केवल स्वाँग रचा रहे हैं।

मगर इस मामले में गुत्थी यह थी कि यदि वह स्वाँग रचा रहे हैं तो क्यों? उनको क्या ज़रूरत है स्वाँग रचाने की? दिल्ली रहने के लिए वह इतना पापड़ क्यों बेलेंगे? वह तो यहाँ कभी भी बसना नहीं चाहते थे। यहाँ तक कि यहाँ आने से ही हमेशा कतराते रहे। इस बिन्दु पर उन दोनों का शक धराशायी हो जाता।

लेकिन यह फ़िक्र तो उन्हें लगातार सताती रहती कि सहायजी की ऐसी विडम्बनापूर्ण परिणति कैसे हुई..?

चाची की मृत्यु सहायजी की तकलीफ़ की वजह नहीं हो सकती थी। वह कौन सदा चाची के साथ रहे? कम-से-कम चाची से ऐसी आत्मीयता तो नहीं ही थी कि उनके बिछोड़ में उन्हें ऐसा सदमा लगे कि पत्थर या काठ हो जायें। फिर यह भी कि वे चाची का शव अस्पताल से लेकर खुद ड्राइव करते हुए गाँव आये थे। अगर चाची की मौत से सदमा पहुँचना होता तो अस्पताल में ही वैसा हो जाता, जबकि वे शव लेकर गाँव के घर तक आ गये, शव रखकर उसके पास खड़े रहे, तब तक उनको कुछ नहीं हुआ था।

चिरैयाकोट का छोड़ना भी कारण नहीं बनता था। हालाँकि सच है कि चिरैयाकोट से उनको अथाह प्रेम था, किन्तु यह भी तो सच है कि अपनी मर्ज़ी से उन्होंने चिरैयाकोट छोड़ा था। दूसरी बात कि चिरैयाकोट से गाँव पहुँचने के बाद वे बहुत प्रसन्न रहने लगे थे। अतः यदि उनको चिरैयाकोट छोड़ने का दुख होता तो वह गाँव में इतना खुश कैसे रहते होते?

मकान की तबाही से भी सदमा नहीं लगना चाहिए था क्योंकि वह उस मकान में हमेशा तो रहे नहीं थे। फिर उन्होंने अब तक की ज़िन्दगी में गाँव के खेतों और मकान से कुछ खास वास्ता नहीं रखा था।

फिर भी लम्बी उधेड़बुन के बाद चिन्मय-मनजीत को यही लगा कि मकान का नाश ही सहायजी की तकलीफ़ का सबब है, क्योंकि गाँव पहुँचकर सहायजी द्वारा टूटा-फूटा ध्वस्त मकान देखने और पत्थर हो जाने के बीच समयान्तराल बहुत कम था।

अतः चिन्मय ने सहायजी पर मरहम लगाना चाहा, ''पापा, आप चिन्ता न करें। हम गाँव में उसी जगह वैसा ही मकान बनवा देंगे। मेरे कई बहुत अच्छे आर्किटेक्ट दोस्त हैं।''

मनजीत ने राय दी, ''पापा, यह भी हो सकता है कि चिरैयाकोट की प्रॉपर्टी को बेच दिया जाये। आप कहें तो हम लोग दिल्ली में एक फार्महाउस बनाते हैं। दिल्ली में ही हम एक गाँव बनायेंगे पापा।''

मनु चिल्लाया, ''पर यहाँ टी.वी. और वीडियोगेम होना ज़रूर माँगता।''

मनजीत ने अपनी कल्पना के डैने फड़फड़ाये, ''पापा, हम छुट्टियाँ वहीं बिताया करेंगे। गाँव के मकान और खेतों की मिट्टी लाकर हम अपने दिल्ली के गाँव की मिट्टी में मिला देंगे। गाँव में—खेतों में—जो हमारी फसलें हैं, बागों में जो वृक्ष हैं, उनके बीज हम दिल्ली में उगायेंगे।''

''मम्मी के लिए फार्महाउस पर एक छोटा-सा मन्दिर ज़रूर बनेगा।'' चिन्मय ने कौशल्या के प्रति अनुराग प्रकट किया।

सहायजी जैसे कुछ सुन नहीं रहे थे। वह सिर झुकाये जिस तरह बैठे थे वैसे ही बैठे रहे। स्पष्ट था कि अब वह देर तक इसी मुद्रा में बैठे रहेंगे।

उनके साथ प्रायः ऐसा होने लगा था। कई बार घंटों बीत जाते, वह सिर नहीं उठाते थे। ऐसा भी होता था कि लंच का समय आ जाता और उनका नाश्ता उनके सामने यथावत् पड़ा रहता था।

उनसे कोई प्रतिक्रिया न पाकर मनजीत और चिन्मय अपने कमरे में आ गये। उनके सामने सहायजी और कौशल्या वाली फ़ोटो रखी थी। वही फ़ोटो, जिसे चिन्मय ने चिरैयाकोट में कैमरा खरीदकर खींचा था।

मनजीत ने फ़ोटो की तरफ़ उँगली उठाते हुए कहा, ''मुझे लगता है, इनके पैसे खत्म हो गये हैं। ऐयाशी में जनाब ने सब फूँक दिया, अब कंगले होकर यहाँ पड़े हैं; वर्ना कभी टिकते थे।''

''कभी-कभी मुझे भी लगता है। मुझको इस बात की चिन्ता हो रही है कि कहीं इनके ऊपर काफ़ी कर्ज़ न हो। वैसे ऐसा होना नहीं चाहिए...।'' चिन्मय मन्द स्वर में बोला।

मनजीत ने नाक सिकोड़ी, ''तुम्हारे पापा हैं, तुम जानो।'' वह अलमारी से कपड़े निकालने लगी। साथ ही बड़बड़ाती जा रही थी, ''...और गाँववाले! कमीनों ने लूट लिया। न जाने क्या-क्या मिला होगा खुदाई में, सिक्के, सोना, चाँदी, हीरे, जवाहरात...नामालूम क्या निकला और क्या ले गये कम्बख्त...! और यहाँ यही रट लगी थी कि पुरखे रखवाली कर रहे हैं गड़े धन की...। भाड़ में चले गये थे क्या पुरखे...जब गाँववाले लूट रहे थे...?''

चिन्मय ने कहा ''लेकिन सुनने में आया है कि उनको कुछ मिला नहीं। यहाँ तक कि पिछवाड़े में बारिश में जो सिक्के मिलते थे, वे भी नहीं मिले।''

''तुम तो करोगे वकालत।'' मनजीत भड़क गयी, ''बुरी लग गयी न मेरी बात।'' उसने अपनी सिलेटी जीन्स की जिप चढ़ायी और बेल्ट कसी, ''आखिर हो तो तुम भी इसी खानदान के।'' उसने चाची के कपड़ेवाला कुर्ता निकाला और उसमें बाँहें डालीं। लेकिन फिर कुर्ता उतार दिया। अब वह जीन्स और ब्रा में थी और सोच रही थी, 'कहीं इस बार भी बॉस ने मेरा कुर्ता पहन लिया तो मुझे बाँहों में बदन छुपाना पड़ेगा।' उसने टीशर्ट पहनी, 'टीशर्ट की साइज फिट होती है, बॉस

को छोटी पड़ेगी, वह उसे पहन नहीं पायेगा। तब बटन में मेरे बाल नहीं फँसेंगे, और चिन्मय को शक भी नहीं हो सकेगा।' आँखों पर गहरे नीले शीशे का चश्मा लगाकर उसने पैन्ट की सामनेवाली जेबों में हथेलियाँ डालीं और कमरे से निकल पड़ी।

चिन्मय के सामने कुर्ता खुला पड़ा था। उसे खयाल आया, यदि वह यह कुर्ता पहने तो पापा खुश होंगे। आखिर यह चाची के दिये कपड़े का कुर्ता है। दूसरे, यह बहुत पुराना है। तीसरे, यह खादी का है। तीनों ही ऐसी बातें हैं जो पापा जैसे बुज़ुर्ग को निश्चय ही प्रिय लगेंगी। उसने बड़े हौसले से कुर्ता पहना और आत्मविश्वास से भर जाना चाहा। वह तय करने लगा कि यदि पापा खुश हुए तो वह उन्हें पटा लेगा। दिल्ली में फार्महाउस बनाने के लिए। और यह कंगाल या कर्ज़ वगैरह की बात सही नहीं हो सकती। उसने सीटी बजाने के लिए होंठ गोल करना चाहा कि जाने क्या हुआ, असहज अनुभव करने लगा। रह-रहकर दिमाग की नसें तड़कने लगीं। पता नहीं कैसी रासायनिक क्रिया घटित हुई कि उसे कुर्ते से पुरुष, कई सारे पुरुषों के शरीर की गन्ध महसूस होने लगी। विचित्र दिमागी फितूर था। क्योंकि कुर्ता तो धुला और इस्तरी किया हुआ था। यदि गन्ध आनी थी तो मनजीत की मांसल-सुडौल बाँहों की आनी चाहिए थी जो थोड़ी देर पहले उसे पहनने जा रही थी। मगर चिन्मय के नथुनों में पराये पुरुषों के शरीर की बू घुस रही थी। वह मनजीत को पुरुषों के साथ आपत्तिजनक स्थितियों में होने की चित्रमय कल्पना करने लगा।

उससे बरदाश्त नहीं हुआ, वह झपटते हुए बाहर आया। मनजीत गेट पार कर रही थी। बाहर उसके ऑफ़िस की गाड़ी उसका इन्तज़ार कर रही थी। चिन्मय चीखा और उसे लगभग घसीटते हुए भीतर कमरे में लाया।

मनजीत गुस्से में फुँफकारी, ''तुम पागल हो गये हो क्या...?''

''हाँ...हाँ...मैं पागल हो गया हूँ। तुमको किसी का बिस्तर गर्म करने से रोकूँ तो पागल हो गया हूँ।'' चिन्मय ने दाँत पीसे।

''चलो, मैं करूँगी। हाँ...मैं किसी का बिस्तर गर्म करूँगी तो तुम मेरा क्या कर लोगे? बोलो, क्या कर लोग–आँय?''

चिन्मय ने उसके चेहरे को हथेलियों में लेकर तेज़ी से झिंझोड़ा, ''बताऊँ, मैं क्या कर लूँगा? बताऊँ?'' चिन्मय ने चेहरा छोड़ दिया और पीटने लगा। वह चिल्लाता जा रहा था, ''बताऊँ, मैं क्या करूँगा..?'' उसने लात से भी मनजीत

पर प्रहार किया। वह रो रही थी, अपने को बचाने के प्रयास कर रही थी लेकिन पैरों के प्रहार से बिफर पड़ी। दाँत पीसते हुए, गुस्से में चिन्मय पर झपटी। उसके बालों को मुट्ठियों से जकड़कर खींचा और पूरी ताकत से घूँसा जड़ दिया। चिन्मय सँभलता कि उसे तेज़ धक्का देकर वह बाहर निकल आयी। बाहर आकर उसने दरवाज़ा बन्द करके सिटकनी चढ़ा दी।

कमरे में बन्द चिन्मय पराजय, दुख अथवा क्रोध से काँप रहा था। उसके बाल बिखरे हुए थे और आँखें चढ़ी थीं। होंठ नीचे की तरफ़ हलका-सा लटक गये थे। वह सामने दिख रहे कुर्ते को घूरने लगा। काफ़ी देर घूरने के बाद बदहवास-सा उठा और कमरे में कुछ ढूँढने लगा। काफ़ी सामान उलट-पुलट डाले। आखिर में कैंची मिल ही गयी। वह शातिर बधिक की तरह कुर्ते पर टूट पड़ा। कुर्ते को हवा में लहराया, फिर उसे चीरने लगा। पहले बाँहें काटीं, उसके बाद कालर काटा। कुर्ता पेटीकोट की शक्ल में होने लगा। चिन्मय द्रुत गति से कैंची चला रहा था। दस मिनट भी नहीं खर्च हुए होंगे, कुर्ता नहीं बचा था। कपड़े के छोटे-छोटे टुकड़े, चिन्दियाँ बिस्तर पर, फर्श पर बिखरी हुई थीं। चिन्मय हाँफ रहा था। उसने कैंची उछाल दी। सहायजी और कौशल्या बाल-बाल बचे क्योंकि उछाली गयी कैंची उनकी फ़ोटो के एकदम बगल में गिरी। चिन्मय उठकर दरवाज़ा पीटने लगा।

...दरवाज़ा सहायजी ने खोला था। कौशल्या देख रही थीं कि चिन्मय द्वारा दरवाज़ा पीटे जाने पर सहायजी का चेहरा हिलने लगा था। उधर चिन्मय के हाथों की धमक पड़ती, इधर उसी लय में चेहरा हिलता था। हिलना गलत शब्द होगा, बल्कि चौंक जाता था। कौशल्या स्वयं उठकर सिटकनी गिरा सकती थीं मगर उन्हें कौंधा कि हो सकता है, सहायजी में कोई बेहतर परिवर्तन आनेवाला हो! वह ध्यान से देखने लगीं।

वे कुर्सी से उठने-उठने को होते, फिर बैठ जाते। गाँव में चाची के शव के पास पत्थर होने के बाद यह पहला मौका था कि वे किसी बात के लिए कोशिश कर रहे थे। वे किसी तरह खड़े हुए। आहिस्ता-आहिस्ता चलकर दरवाज़े तक आये। उन्होंने सिटकनी हटाने के बाद दरवाज़ा खोलने के लिए हल्का-सा धक्का दिया।

सामने आहत चिन्मय खड़ा था। सहायजी उसे बिसूरने लगे। फिर पीछे मुड़े और जिस तरह गये थे, उसी तरह लौटकर अपनी कुर्सी में धँस गये। उन्होंने पहले की तरह ही अपना सिर झुका लिया। कौशल्या ने आह भरी। उसने सहायजी के ठीक होने की जो आशा जगी थी, वह तड़फने लगी। उन्होंने सोचा, 'अब पुनः

सहायजी इसी तरह घंटों बैठे रहेंगे।'

सचमुच वह उसी तरह बैठे थे। शाम घिर आयी थी। अँधेरा हो गया था, तब भी वह उसी तरह बैठे थे। कौशल्या ने आकर बल्ब जलाया। रोशनी में सहायजी को देखकर वह घबरा गयीं। सहायजी आँसुओं से भीगे थे। आँखों में आँसू उमड़ रहे थे। कौशल्या उनके पास आयीं, "इस तरह कहीं रोया जाता है!" उन्होंने कौशल्या की कमर पर सिर रख दिया। पल्लू में मुँह छिपाकर फूट पड़े। वे फफक-फफककर रोने लगे थे, जैसे बाढ़ आयी थी या बाँध टूटा था। मनु और नौकर भी उनके रुदन से घबराकर वहाँ पहुँच गये थे। बूढ़े सहायजी किसी किशोर की तरह रो रहे थे।

कौशल्या ने ढाँढस बँधाया और कहा, "चलिये, कमरे में चलिये या कहीं थोड़ा टहल आते हैं। हमेशा यहीं कुर्सी पर बैठे रहते हैं आप।" दरअसल भीतर से वह बेइन्तिहा खुश थीं कि सहायजी इतना रोये हैं। उन्हें यकीन होने लगा था कि इतने आँसू गिरने के बाद सहायजी स्वस्थ हो जायेंगे। आखिर उनको यही तो बीमारी थी न कि उनके आँसू सूख गये हैं या खत्म हो गये हैं। उनका दुख आँसुओं के रूप में बाहर नहीं निकल सका था और भीतर-भीतर जख्म बन रहा था, यही कारण था उनके पत्थर या काठ हो जाने का।

देर रात मनजीत लौटकर आयी तो सहायजी के बदले स्वरूप को देखकर चकित और खुश हुई। उसे भरोसा नहीं हो रहा था कि महज कुछ घंटों के भीतर इतना परिवर्तन हो जायेगा। सहायजी की शक्ल में इधर कुछ दिनों से उपस्थित रहने वाली भावशून्यता अब नहीं थी। वे ताज़ा लग रहे थे, थोड़े-से नये भी। उनकी आँखों का अपरिचय और सूनापन लगभग गायब हो चुका था। वे अब गुमसुम तथा खोये-खोये भी न थे। आँसुओं के स्नान से वे निर्मल, नरम, उज्ज्वल और पारदर्शी बन गये थे।

मनजीत सहायजी और कौशल्या के पास ही बैठकर बातें करने लगी थी, लेकिन थोड़ी देर ही बातचीत की होगी कि उसे लगा, सास-ससुर उसको जीन्स और टीशर्ट के कारण अटपटा न महसूस कर रहे हों। वह उठकर सलवार-कुर्ता पहनने चली गयी। लेकिन उसने सलवार-कुर्ता न पहनकर नाइटी पहनी। क्योंकि रात हो चुकी थी और अब सोने के अलावा कोई खास काम भी न बचा था। डिनर वह बॉस के साथ लेकर आयी थी।

सोने से पहले उसमें और चिन्मय में सन्धि हो गयी। इसकी मुख्य वजह सहायजी के स्वास्थ्य में एकाएक होनेवाला सकारात्मक परिवर्तन था। उनकी बीमारी

पूरे घर पर बोझ और विपत्ति की तरह मँडराती रहती थी। अतः उनके ठीक होने ने चिन्मय का गुस्सा कम कर दिया था! वैसे भी उन दोनों में से किसी को क्रोध दीर्घकालिक नहीं रहता था। इसका कारण यह नहीं था कि वे परस्पर प्यार में इतने पागल थे कि ज़्यादा वक्त नाराज़ नहीं रह सकते थे, बल्कि हकीकत यह थी कि दोनों चारित्रिक दृष्टि से समान रूप से गिरे हुए थे, इसलिए दूसरे की गलती पर पूरी सघनता के साथ नफ़रत या गुस्सा करने का नैतिक बल नहीं था किसी के पास।

सन्धि होने के बाद दोनों बिस्तर पर काफ़ी देर तक गुफ्तगू करते रहे। वे इस मुद्दे पर एकमत हो गये थे कि सहायजी की बीमारी अब खत्म हो गयी है, यदि नहीं तो दो-चार दिन में वह पूरी तरह ठीक हो जायेंगे। मनजीत हँसी, वह पिये हुए थी। करीब होने से उसके मुँह से उड़कर जिन की महक चिन्मय के नथुनों में घुस रही थी, ''जो काम ऐलोपैथ, होम्योपैथ, नेचुरोपैथ न कर सके, उसे हमारे झगड़े ने कर दिया, या यूँ बोलो कि चाची के दिये कपड़े से बने खादी के कुर्ते ने कर दिया।''

मनजीत ने सिगरेट का पैकेट उठाया, ''लो, सिगरेट पियो।'' चिन्मय ने सिगरेट ले ली तो उसने भी सिगरेट अपने होंठों में दबा ली और बोली, ''यार, लाइटर नहीं दिख रहा। देखो, ज़रा तुम्हारी तरफ़ है।''

दोनों की सिगरेटें जल गयीं। वे गम्भीर किस्म के बुद्धिजीवियों की तरह विचार-विमर्श में सक्रिय हो गये। उन्हें विश्वास हो रहा था कि अगर अब सहायजी पर चिरैयाकोट की सम्पदा बेचने के लिए दबाव बनाया जाये तो वह मान जायेंगे। चिन्मय बोला, ''चिरैयाकोट में न जाने कितनी प्रॉपर्टी होगी। सुनते तो हैं, बहुत है। यह भी सुना जाता है कि करोड़ रुपए का तो गोल्ड होगा। मम्मी-पापा के बैंक एकाउंट मिलकर हमें हैरत में डाल देंगे, इसका मुझे पूरा यकीन है।''

उधर दूसरे कमरे में कौशल्या अपने को हल्की तथा तनावमुक्त महसूस कर रही थीं, क्योंकि उनका वह दाँत अपने आप उखड़ गया था जो कई दिनों से हिल रहा था और तकलीफ़ दे रहा था। दूसरे, सहायजी के आँसुओं ने बरसकर उनको गहरी चिन्ता-फिक्र से बरी कर दिया था। अब यह डर नहीं था कि सहायजी कहीं पागल न हो जायें। या सदमे और दुख को चुपचाप सहने के कारण प्राण न गँवा बैठें। या हमेशा के लिए पहचानना भूल जायें। कुल मिलाकर सहायजी के सहज रूप की वापसी ने कौशल्या को निहाल कर दिया था।

उन्होंने सहायजी से कहा, ''भगवान ने हमारी सुन ली और हमारे ऊपर कृपा की है।'' उन्होंने सहायजी को दवाएँ दीं, ''अभी कुछ दिन खानी पड़ेंगी ये दवाएँ। साथ ही अब ज़रा घर से बाहर निकला करिये। सबसे पहले सुबह की सैर शुरू करिये।'' सहायजी ने दवा खा ली तो कौशल्या ने गिलास नीचे रखते हुए उलाहना दी, ''आप कितनी बार मुझे दिल्ली ले आये पर कभी दिल्ली घुमाया भी? अब ज़्यादा नहीं बची है ज़िन्दगी मेरी। कम-से-कम दिल्ली तो घुमा दीजिये।'' सहायजी मुस्कुरा दिये या कौशल्या को ऐसा भ्रम हुआ, विश्वासपूर्वक कुछ कहा नहीं जा सकता, लेकिन कौशल्या ने यही समझा कि सहायजी मुस्कुराये हैं। उनका हौसला बढ़ा, ''यहीं दिल्ली में कितने रिश्तेदार हैं, कभी मिलाया उनसे! कहे दे रही हूँ कि इस बार उनके यहाँ भी ले चलना पड़ेगा आपको।''

वह अपनी योजना को लेकर दृढ़प्रतिज्ञ थीं। अतः उन्होंने ब्रह्ममुहूर्त में ही सहायजी को जगा दिया, ''उठिये, सुबह की सैर की तैयारी करिये।''

कौशल्या इतनी उत्साहित थीं मगर जब सहायजी के साथ सैर के लिए निकलीं, तो थोड़ी दूर ही चलना हुआ होगा कि पटरी पर बैठ गयीं। सहायजी आगे बढ़ गये थे, लौटकर आये, ''क्या हो गया कौशल्या, चक्कर आ गया क्या?''

''नहीं, चक्कर नहीं, बस टखनों में ताकत नहीं रही अब। आँखों के कमज़ोर पड़ने से शुरू हुआ था बुढ़ापा। अब पूरा शरीर ही कमज़ोर और बूढ़ा हो चुका है। इसलिए इस उम्र में मौत आसानी से दबोच लेती है। लगता है कि मेरे भी दिन पूरे होने को हैं।''

''ना...ना...। ऐसा न बोलो।'' सहायजी ने उनको सहारा देकर उठाया। पास बनी एक पुलिया पर जाकर बैठ गये। सहायजी ने कौशल्या के घुटनों को छुआ, ''बहुत तकलीफ़ हुई न।'' उनकी आँखें डबडबा आयीं। वे करीब-करीब रोने-से लगे। कौशल्या हतप्रभ और परेशान हुईं कि सामनेवाले को रुला देनेवाली दुर्दशा तो उनकी नहीं हुई थी, तब यह क्यों रोने-रोने को हो रहे हैं?

सहायजी ने पत्नी को खुश करने की गरज़ से कहा, ''रात को तुम कह रही थीं न! चलो, हम आज ही दिल्ली घूमेंगे।'' इतना कहते-कहते उनकी आवाज़ भर्रा गयी। वे रूमाल से आँसू पोंछने लगे। कौशल्या को दुबारा उलझन हुई कि दिल्ली घूमने की बात में कोई मार्मिक या कारुणिक प्रसंग तो था नहीं। तब क्यों यह रो रहे हैं? या इनकी आवाज़ भर्रा क्यों गयी?

नाश्ते की टेबल पर सहायजी ने चिन्मय से कहा, ''आज मैं और तुम्हारी

माँ दिल्ली घूमने जायेंगे।''

चिन्मय को अच्छा लगा, ''पापा, आप लोग कार ले जाइयेगा?''

''नहीं...नहीं।'' सहायजी हाथ के इशारे से मना करने लगे, ''कार की क्या ज़रूरत, टैक्सी ले लेंगे। वैसे भी दिल्ली की सड़कों पर ड्राइव करना मेरे बस का नहीं।''

कौशल्या ने मध्यमार्ग निकाला, ''अभी हमें टैक्सी से घूमने दे बेटा। बाद में तुम्हारे पापा अपनी कार यहीं मँगा लेंगे।''

चिन्मय-मनजीत को अपनी बात कहने का सहारा मिल गया। चिन्मय ने दूध का गिलास खाली किया, ''कार ही क्यों! हम तो कितने दिनों से कह रहे हैं कि चिरैयाकोट और गाँव की प्रॉपटी को बनाये रखने से क्या फ़ायदा! अब देखिये, गाँव में मकान तोड़ डाला गया। इसी तरह वे लोग एक दिन हमारे खेतों और बगीचों पर कब्जा कर लेंगे। यही नहीं, अगर हमने समझदारी से काम न किया तो चिरैयाकोट में भी ऐसा होगा।''

''बेटे, इस तरह नहीं कहते।'' कौशल्या को मालूम था कि सहायजी को इस तरह की बात अच्छी नहीं लगती, इसलिए उन्होंने टोका, ''पुरखों की जायदाद के बारे में ऐसा नहीं कहा जाता है।''

''मैं पुरखों की प्रॉपर्टी को बरबाद करने के लिए नहीं कह रहा हूँ मम्मी मैं तो बस उसे शिफ्ट करने की बात कह रहा हूँ। उसे बेचकर हम ऐसी व्यवस्था करें, जो अधिक लाभ की हो।'' चिन्मय ने समझाया, ''मैं आप लोगों का बेटा हूँ। मुझे भी गाँव से बहुत प्यार है। तभी तो कहता हूँ कि हम शहर में भी अच्छा-सा गाँव बनायें। यहीं दिल्ली में अपना फार्महाउस हो।''

अब मनजीत की बारी थी, ''और आजकल बैंकों में कौन जमा रखता है रुपया। पापा, आप भी शेयर मार्केट में डालिये। इसके अलावा मेगा टी.वी. सीरियल बनाकर करोड़ों कमाया जा सकता है। हम अपनी लीजिंग एंड फाइनेंसिंग कम्पनी खोल सकते हैं। यही नहीं, सोशलिस्ट कंट्री कंगाल हो चुके हैं, वहाँ के लिए एक्सपोर्ट किया जा सकता है। मसलन, रूस को लीजिये, वहाँ इंडिया के गारमेंट्स, जूतों, ऊन, शहद वगैरह की भारी डिमांड है। लेकिन पापा, सबसे पहले हमको यहाँ अपना गाँव बनाना है।''

सहायजी सब सुनते रहे, सुनते रहे। फिर बोले, ''थोड़ी-सी दलिया देना।'' मनजीत ने दलिया उनकी प्लेट में परोस दी। वह कुछ ज़्यादा ही चबा-चबाकर

खाने लगे। अन्त में उन्होंने दलिया पानी की मदद से भीतर उतारा, "तुम लोगों की बातें अपनी जगह सही हैं, पर वे मुमकिन नहीं हैं, क्योंकि मैं वापस चिरैयाकोट जा रहा हूँ और वहीं पर रहूँगा। अब मेरी तबियत भी ठीक हो चुकी है तो यहाँ रहने से क्या फ़ायदा!" वह पुनः दलिया खाने लगे। जैसे कोई विस्फोट हुआ हो, चिन्मय-मनजीत स्तब्ध। कौशल्या भी हत्प्रभ थीं। सहायजी ने नौकर से कहा, "टैक्सी बुलाओ।" कौशल्या से बोले, "तैयार हो न अपने दिल्ली भ्रमण के लिए?"

सहायजी और कौशल्या एक नहीं, कई दिन दिल्ली घूमे। ऐतिहासिक स्थलों को देखा, राजनीतिक स्थलों को देखा। रिश्तेदारों के घर गये, दो-चार रिश्तेदारों के दफ़्तरों में भी पहुँचे। वे कनॉट प्लेस में टहले। खरीददारी की और निश्चय किया कि कार्यक्रम को विराम दिया जाये, बहुत हो चुकी दिल्ली की परिक्रमा। एक दिन बीच रास्ते से ही वे लौट आये थे। घर पहुँचे तो शाम होने में थोड़ा ही समय शेष था।

चिन्मय ऑफिस से आया तो देखा, सहायजी और कौशल्या घर में हैं। कौशल्या घबरायी हुई हैं और सहायजी रो रहे हैं। फूट-फूटकर रो रहे हैं। उनके नथुने और होंठ फड़फड़ा रहे हैं। आँखें लाल हैं। कुर्ते का गला और आस्तीनें गीली हो चुकी हैं। मनजीत और मनु भी उनके पास हैं। पर सभी से उदासीन वे रो रहे हैं। चिन्मय सहम गया, "अरे पापा! रो क्यों रहे हैं? क्या हुआ?" उसे डर लगा कि मनजीत ने कोई गलती न कर दी हो।

"पता नहीं, इनको क्या हो गया है कि बात-बात पर रोने लगते हैं।" कौशल्या बता रही थीं, "न जाने क्यों बात-बात पर रोने लगते हैं। बोलते-बोलते गला भर्रा जायेगा, आँखें भर आयेंगी और रोने लगेंगे।"

सहायजी ने आँसू पोंछे, "कुछ तो नहीं हुआ है। बस, ऐसे ही।" मनजीत और चिन्मय को निराशा घेरने लगी।

सहायजी की रोने की इस नयी बीमारी ने उन दोनों की आकांक्षाओं की चूलें हिलाकर रख दी थीं। उनकी दृष्टि से सहायजी से धन प्राप्त करना काफ़ी दुरूह हो गया था। मनजीत तो बहुत ज़्यादा निराश हो चुकी थी। कभी-कभी वह भयानक तैश में आ जाती, "मैं साफ़ कहती हूँ कि पापाजी पहले भी बने पागल थे, अब भी बने पागल हैं।"

लेकिन मनजीत का कथन वास्तविकता पर आधारित नहीं था। सहायजी न बने पागल थे, न सचमुच के। बात इतनी थी कि उनके पास ढेर सारे आँसू इकट्ठा

हो गये थे। भावुकता, रुलाई और सिसकियाँ कुछ ज़्यादा हो गयी थीं। अजीब थी उनकी स्थिति। वह प्रायः भावविह्वल हो जाते थे। कंठ भर्रा उठता और होंठ फड़कने लगते। वह रोते भी कम नहीं थे। दिक्कत इस बात की थी कि वह अक्सर बेवजह रोते थे। कहते, "दिल्ली बेहतरीन शहर है। हम पति-पत्नी यहाँ काफ़ी खुश हैं।" और रोने लगते। कहते, "मेरे पिताजी खड़ाऊँ पहनते थे।" उनकी आँखें डबडबा उठतीं। कहते, "जब मैं मनु की उम्र में था तो उस ज़माने में रुपए का दो सेर घी मिलता था और आठ सेर गेहूँ।" इस बात पर भी उनकी आवाज़ आर्द्र हो जाती।

इतने तक गनीमत रहती, किन्तु मामला लगातार पेचीदा होता जा रहा था। चिन्मय-मनजीत को लगता कि उनके देखे हुए सपने किसी सूरत में साकार नहीं हो पायेंगे। क्योंकि वे जैसे ही चिरैयाकोट का जिक्र छेड़ते, सहायजी की आँखें डबडबा आतीं। यदि उन पर ज़्यादा दबाव पड़ता तो वह रोने ही लगते थे। फिर इससे भी अधिक बेतुकी, नुकसानदेह और खतरनाक बात थी कि सामान्य और सन्तुलित मनोदशा में वह चिरैयाकोट जाने तथा वहीं रहने का राग अलापने लगते थे। यह हौसला ध्वस्त कर देनेवाली स्थिति थी क्योंकि चिन्मय-मनजीत का विश्वास था कि आँसू शरीर में हारमोन्स विशेष की अधिकता के कारण निकल रहे हैं अथवा वे डिप्रेशन की बीमारी के कारण हैं। दोनों ही हालात में चिकित्सा विज्ञान की मदद से उन पर नियन्त्रण हासिल किया जा सकता है। लेकिन यदि वे कौशल्या के साथ चिरैयाकोट चले गये और वहीं रहने लगे तो क्या होगा? तब तो उनकी मृत्यु के पहले कुछ भी सम्भव नहीं हो सकेगा। और मौत का क्या पता! ज़िन्दगी की तरह मौत का भी ठिकाना नहीं। कोई अभी मर सकता है तो वही आदमी आने वाले कई साल आराम से ज़िन्दा रह सकता है। वे दोनों घनघोर ऊहापोह में फँसे हुए थे।

आखिरकार उन्होंने कौशल्या को धर लिया, "हम आप लोगों को चिरैयाकोट नहीं जाने देंगे। पापा की तबियत का ऐसा हाल और रहेंगे इतनी दूर चिरैयाकोट में?" वे कौशल्या को बार-बार घेरते, "मम्मी! पापा तो अपनी ज़िद के आगे कुछ सुन नहीं रहे हैं, लेकिन आप तो कुछ करिये। आप कुछ करिये मम्मी, प्लीज!" अन्ततः कौशल्या उनसे सहमत हो गयीं। उन्हें लगा कि चिरैयाकोट से सहायजी का मन तो वैसे ही उचट गया था। दूसरी बात यह कि वह स्वयं भी बेटे-बहू-पोते के पास रहना चाहती थीं। फिर वह सहायजी की बीमारी के चलते अकेले चिरैयाकोट

में रहने को लेकर डर भी रही थीं।

पहले मोर्चे पर कामयाब होने के बाद मनजीत और चिन्मय ने आगे कदम बढ़ाये। उन्होंने कौशल्या को विश्वास में लेकर कहना शुरू किया कि वह पापा पर प्रॉपर्टी बेचने के लिए ज़ोर डालें। कौशल्या को यह भी कुछ-कुछ ठीक लगा। उनका मानना था कि बच्चे यदि अपने ज़माने के मुताबिक नया कुछ करना चाहते हैं तो इसमें बुरा क्या है? और वे कोई गलत काम के लिए तो पैसा माँग नहीं रहे हैं। ज़्यादा कमाने की ही सोच रहे हैं न।

उस रात देर तक कौशल्या को नींद नहीं आयी। वह सहायजी से चिरैयाकोट की सम्पत्ति बेचने के लिए कैसे बात करेंगी, किन शब्दों का इस्तेमाल करेंगी, इस पर सोच-विचार कर रही थीं। उन्होंने तय किया कि वह प्यार से समझायेंगी। उन्हें हिम्मत और सम्बल देंगी, फिर चिरैयाकोट की सम्पत्ति बेचने की बात कहेंगी। वह उन्हीं से पूछेंगी कि बतायें, क्या ठिकाना कि गाँव की तरह-चिरैयाकोट का मकान भी लूट न लिया जाये! तहस-नहस न कर दिया जाये! खाली ज़मीनों पर भी लोग कब्ज़ा कर सकते हैं। फिर सबसे बड़ी बात, हमारी तो चार दिन की ज़िन्दगी बची है, इसलिए चिन्मय यदि अपने तरीके से कुछ करना चाहता है तो करने देने में क्या हर्ज़ है?

इन सब बातों को सोचते-सोचते उन्हें सहायजी पर तरस आने लगा। उन्हें इस बात पर तरस आया कि उन बेचारे की हालत ऐसी है और सब अपने-अपने में लगे हुए हैं। पहली बार हुआ था कि उन्हें सहायजी के व्यक्तित्व में हुए किसी बदलाव पर तरस आ रहा था, वर्ना वह हमेशा सहायजी के किसी नये रूप पर फिदा होती रही थीं। एक बार उन्होंने सहायजी को यह बात बतायी भी थी। कहा था, "आप मुझे हमेशा अच्छे लगे। आप मूँछों में अच्छे लगते थे और बिन मूँछों के भी। आपको नज़र का चश्मा लगा तो आप मुझे अलग तरह से सुन्दर लगे। आपके बाल पके तो आप मुझे अलग तरह से अच्छे लगे।" कौशल्या को उनका हँसना, बोलना, चलने का ढंग सभी बहुत भाते थे। औरों से एकदम अलग लगते थे वह। यहाँ तक कि गाँव में चाची के शव के सामने जब वे पत्थर हुए थे तब भी कौशल्या ने उनमें एक अनोखापन पाया था, जो दूसरों में नहीं मिलता है। लेकिन अब उन्हीं पर तरस आ रहा था। वह इतने दयनीय, पिलपिले और कातर हो जायेंगे, कौशल्या ने कभी इसकी कल्पना तक नहीं की थी।

रात के तीसरे पहर में उक्त खयालों में मँडराते-भटकते हुए कौशल्या ने प्यार

और करुणा से सहायजी के मत्थे को सहलाया। उन्हें लगा कि उनकी हथेली पकड़ ली गयी है।

सहायजी उनकी हथेली से अपने चेहरे को सहला रहे थे। आँसुओं से पूरी तरह भीगा था उनका चेहरा।

कौशल्या ने उठकर रोशनी कर दी, "अरे...इतनी रात को आप रो रहे थे, क्या हुआ आपको? क्यों रो रहे हैं आप?"

सहायजी के चेहरे को उन्होंने गीले तौलिया से साफ़ किया। उन्हें पानी पिलाया और बोलीं, "इधर-उधर की बातें मत सोचा करिये।" उन्होंने रोशनी गुल कर दी और अँधेरे में सहायजी का सिर सहलाने लगीं। पता नहीं सहायजी उस वक्त रो रहे थे या नहीं, लेकिन वह ज़रूर भिंचे गले से रो रही थीं। वह सहायजी का सिर सहलाती जा रही थीं और रोती जा रही थीं...।

कौशल्या को अपने पक्ष में कर लेने से चिन्मय और मनजीत की आशाएँ पुनः जगमगा गयी थीं। उन्हें लग रहा था कि पिता और पुरखों की सम्पत्ति बेचकर वे अपने सपनों को साकार कर सकेंगे। फिर भी वे इस बार कोई कसर नहीं छोड़ना चाहते थे। वे दृढ़प्रतिज्ञ थे कि राजनीति में किसी प्रकार की त्रुटि नहीं होने देंगे और कामयाब होंगे।

चारों तरफ़ से आश्वस्त होकर उन्होंने अन्त में ब्रह्मास्त्र चलाने की सोची। उन्होंने मनु को एकान्त में बुलाकर समझाना शुरू किया। मनजीत ने मनु से कहा कि वह बाबा से माँगे कि उसकी खातिर दिल्ली में फार्महाउस बनवायें या मेगा टी.वी. सीरियल तैयार करायें या ढेर सारे शेयर ले दें।

चिन्मय ने मनु के गाल थपथपाये, "बेटे, बोलियेगा कि आपके सारे दोस्तों के घर में ढेर सारा पैसा इन सब चीज़ों में इन्वेस्ट किया जा रहा है।"

"पापा! मैं बाबा से यह भी कहूँगा कि बाबा-बाबा, मैं तो अपने सारे दोस्तों से बोल चुका हूँ कि मेरे बाबा हमारे लिए बहुत कुछ करने जा रहे हैं। उनके पास ढेर सारा रुपया है, है न बाबा? मम्मी, तुम बोलो, ठीक रहेगी ये बात।"

मनजीत और चिन्मय मुस्कुराये। मनु उत्साह तथा उत्तेजना से भरा हुआ था, जैसे किसी युवराज को प्रथम बार रणभूमि में विजय के लिए भेजा जा रहा हो! वह अद्भुत किस्म से गम्भीर हो गया था और ज़िम्मेदारी महसूस कर रहा था।

चिन्मय ने सावधान किया ''बेटे, आपको ये बातें किसी से कभी नहीं बताना है, समझ गये न?''

ब्रह्मास्त्र चल गया था। मनु ने पीछे से आकर कुर्सी पर बैठे हुए सहायजी की आँखें मूँद लीं। सहायजी बोले, ''मनु हो।'' उन्हें लगा कि इतनी छोटी मुलायम उँगलियाँ और किसकी हो सकती हैं!

मनु इतराया, ''बाबा, इतना सुन्दर मौसम है, आप यहाँ बैठे हुए हैं!''

''क्या करें, बेटा?''

''सुना है कि आप पतँग बड़ी अच्छी उड़ाते थे, जबकि मैं आपका मनु, डोर तक नहीं बढ़ा सकता हूँ। बाबा, आप मुझको पतँग उड़ाना सिखायें और ढेर सारी पतँग ला दें।''

''बेटे, अब पतँगों का ज़माना नहीं रहा।''

''जिस चीज़ का ज़माना है, वही दीजिये न।'' कम उम्र का होने के कारण मनु में धैर्य न था, ''आप हमारे लिए फार्महाउस तैयार कराइये। फैक्टरियों के शेयर खरीदिये। आप मेरे पापा को एक्सपोर्ट का बिजनेस करने के लिए रुपये दीजिए।''

सहायजी के जबड़े की कोई नस फड़की और उनकी सारी निस्संगता भरभरा पड़ी। उनकी बोली लहराने लगी, ''मनु...मनु...''

कौशल्या तो वहीं पास में मौजूद थीं, चिन्मय और मनजीत भी आ गये, ''क्यों पापा, मनु शरारत कर रहा है क्या?'' वे दोनों वहीं जम गये।

चारों सहायजी को घेरकर बैठे हुए थे। चिन्मय ने नौकर को आदेश किया, ''चार-पाँच कप कॉफ़ी बनाना।'' उसे सहायजी की पसन्द पता थी, उठकर उसने टेपरिकॉर्डर में कैसेट डाल दिया। बेग़म अख्तर की ठुमरी बजने लगी।

अब सभी मिलकर उन्हें विवश करने लगे, उन पर दबाव डालने लगे। कौशल्या भी बेटे-बहू-पोते के साथ थीं। वह झुँझलाकर बोलीं, ''हम सब गठरी में बाँधकर ले नहीं जायेंगे। सब इन्हीं लोगों का तो है न।'' चिन्मय और मनजीत कौशल्या को समझाने लगे, ''पापा से प्यार से बोलिये मम्मी।'' मनु नाराज़ हो गया, ''मेरे बाबा को कोई कुछ नहीं कह सकता, दादी माँ भी नहीं।'' मगर यह थोड़ी देर के लिए पट परिवर्तन था। जल्दी ही वे फिर सहायजी को कसने लगे।

जैसे सहायजी का गला कस गया हो, उनका मुँह खुल गया। गले से गों...गों की ध्वनि निकलने लगी। उनके नथुने फूल गये थे, जैसे वे साँस लेने के लिए जूझ रहे हों! उनकी आँखें मुँदीं, खुलीं और बन्द हुईं, जैसे उनका जीवन

जानेवाला हो! अचानक वह बुक्का फाड़कर रोने लगे। उनकी यह रुलाई अलग किस्म की थी। इसमें आँसू नहीं थे। हो सकता है कि वे फिर सूख गये हों। इस बार रुदन में चीख और विलाप का मिश्रण था। वे कुछ-कुछ मर्सिया गानेवालों की तरह बोले, "ठीक है...ठीक है...तुम लोग जो चाहते हो, वही होगा...।" वाक्य पूरा करते-करते उन्होंने कौशल्या को अत्यन्त कातर तथा शिकायत-भरी दृष्टि से देखा। वह भीतर तक सिहर गयीं। मगर अब खेल खत्म हो चुका था। मनु तालियाँ बजा रहा था। चिन्मय चिल्लाया, "पापा, आपने प्रतिज्ञा की है तो उसको पूरा करना पड़ेगा। समझ लीजिये अच्छी तरह से।"

मनजीत कौशल्या से कह रही थी, "मम्मी...मम्मी! पापा ने आपके सामने कहा है...।"

बेगम अख्तर अपनी ठुमरी में आलाप ले रही थीं।

सहायजी खामोश हो गये थे। चेहरे को सीने से लगाये हुए थे, जैसे बेगम अख्तर की ठुमरी बड़े ध्यान से सुन रहे हों! लेकिन दरअसल वह सोच रहे थे। उनके भीतर तेज़ी से कुछ घुमड़ रहा था। धीरे-धीरे उनमें कम्पन हुआ। वह उठे और कुर्सी पर खड़े हो गये। भाषण की तर्ज़ पर ज़ोर-ज़ोर से कहने लगे, "मगर देखना! जो कोई सम्पत्ति खरीदेगा, नाश हो जायेगा उसका।" कौशल्या, चिन्मय, मनजीत और मनु उन्हें भौंचक देख रहे थे। वह अपना कथन जारी रखे हुए थे, "तुम लोग—हाँ, तुम लोग भी—सुखी नहीं रह पाओगे। चिरैयाकोट से जो भी नाता तोड़ेगा हमेशा दुख भोगेगा।" उन्होंने पंख की तरह हाथ हवा में लहराये। ऊपर की ओर देखते हुए कहा, "हे ईश्वर! हे देवताओ और देवी माताओ! तुम सब चिरैयाकोट के इन दुश्मनों को दंड देना...।"

उनकी आँखें कुछ छोटी लगने लगी थीं। होंठों के किनारों पर गाज भर आया था और चेहरा आँसुओं से भीग गया था।

और आखिर एक दिन चिरैयाकोट की सम्पत्ति बेच डाली गयी। इस सौदे के सन्दर्भ में विशेष बात यह है कि सहायजी के शाप का कोई असर नहीं हुआ। खरीदफ़रोख्त का सारा कार्य बड़ी आसानी और उत्साहपूर्वक सम्पन्न हुआ था।

जैसा कि सहायजी ने कहा था कि खरीदनेवालों का नाश हो जायेगा, ऐसा कुछ भी नहीं हुआ। वे बहुत आराम से दिन काट रहे हैं।

चिन्मय, मनजीत, कौशल्या, मनु पर भी कोई आँच नहीं आयी। मस्ती से बीत रहा है उनका जीवन। इस बात से कौशल्या को बेहद सुकून है। लेकिन अक्सर वह जोड़-तोड़ करती हैं सहायजी ने कोई समय तो निश्चित किया नहीं था। यही कहा था कि चिरैयाकोट से नाता तोड़नेवाला दुख भोगेगा! बर्बाद हो जायेगा। तो कहीं ऐसा न हो कि वह वक्त अभी आना बाकी हो!

कौशल्या उस आनेवाले समय के बारे में सोच-सोचकर अक्सर डरती रहती हैं।

❑❑❑